À LA DÉCOUVERTE DU CANADA

L'héritage noir

ROBERT LIVESEY ET A.G. SMITH

PLAINES

Les Éditions des Plaines remercient le Conseil des Arts du Canada et le Conseil des Arts du Manitoba du soutien accordé dans le cadre des subventions globales aux éditeurs et reconnaissent l'aide financière du gouvernement du Canada par l'entremise du Fonds du livre du Canada et du ministère de la Culture, Patrimoine et Tourisme du Manitoba, pour leurs activités d'édition.
Nous remercions le gouvernement du Canada de son soutien financier pour nos activités de traduction dans le cadre du Programme national de traduction pour l'édition du livre.

Catalogage avant publication de Bibliothèque et Archives Canada
Livesey, Robert, 1940-
    L'héritage noir / Robert Livesey et A.G. Smith.

(À la découverte du Canada)
Comprend un index.
Traduction de: Black heritage.
Publ. aussi en formats électroniques.
ISBN 978-2-89611-245-6

    1. Noirs--Canada--Histoire--Ouvrages pour la jeunesse.
2. Noirs--Canada--Biographies--Ouvrages pour la jeunesse.
I. Smith, A. G. (Albert Gray), 1945- II. Titre. III. Collection:
Livesey, Robert, 1940- . À la découverte du Canada.

FC106.B6L5914 2012   j971'.00496   C2012-903978-0

Dépôt légal, 2012 :

Bibliothèque nationale du Canada,
Bibliothèque nationale du Québec et Bibliothèque provinciale du Manitoba.

Éditions des Plaines
C.P. 123 Saint-Boniface (Manitoba) Canada R2H 3B4
Tél. : 204 235 0078 • admin@plaines.mb.ca • www.plaines.ca

Mise en page : Relish Design Studio
Édition : Nadia Wrobel, Brigitte Girardin • Publication : Joanne Therrien
Traduction : Marie-Hélène Duval
Révision historique : Jean-Marie Taillefer
Révision : Pierrette Blais

Imprimé au Canada par Friesens Corporation sur du papier 100 % recyclé et certifié FSC pour les pages intérieures.

MIXTE
Papier issu de
sources responsables
FSC® C016245

DÉCLARATION DE BIENFAITS ENVIRONNEMENTAUX

Les Editions des plaines ont imprimé les pages de ce livre sur du papier exempt de chlore fabriqué à 100 % a partir de fibres recyclées après consommation, évitant ainsi le prélèvement des ressources ou la production des rejets suivants.

ARBRES	EAU	ÉNERGIE	DÉCHETS SOLIDES	GAZ À EFFET DE SERRE
8 PARVENUS À MATURITÉ	3,702 GALLONS	3 GALLONS DE BTU	235 LIVRES	821 LIVRES

Le calcul de l'impact environnemental a été effectué en recourant à l'outil Paper Calculator de l'organisme Environmental Paper Network. Consultez www.papercalculator.org pour d'autres renseignements.

À tous les Canadiens noirs d'hier à aujourd'hui qui ont ou auront contribué de leur mieux à la société canadienne.

Je veux remercier tout particulièrement messieurs Fred Gray, Robert Côté et Fred Hayward, U.E.; mesdames Josie Hazen, Linda Biesenthal, Sheryn Posen et Nhi Vo du Panthéon des sports canadiens; Brian et Shanon Prince du musée Buxton; monsieur Scott McLeish de Statistique Canada; madame Gillian Small de l'Ontario Black History Society; madame Adrienne Shadd, descendante de Mary Ann Shadd; monsieur Howard Aster, éditeur à Mosaic Press, pour le livre intitulé A Fly In A Pail Of Milk, *de Herb Carnegie; « Theology3 » alias Theo Steryannis, directeur de programme à 4Unity Productions; monsieur Peter Meyler, coauteur avec son frère David de l'ouvrage intitulé* A Stolen Life : Searching for Richard Pierpoint; *monsieur Peter McCarney, éditeur à McCarney & Associates; les bibliothécaires de la bibliothèque municipale d'Oakville et de la bibliothèque de l'Université de Windsor.*

Table des matières

Introduction

De nos jours, on trouve des Canadiens noirs dans toutes les provinces et tous les territoires du Canada, et ceux-ci contribuent à tous les aspects de notre société. Ça n'a pas toujours été le cas en revanche. Autrefois au Canada, les « Noirs » étaient souvent victimes de préjugés et de violence. Leur histoire se résume en un dur combat mené avec force, détermination et courage. Un grand nombre d'entre eux ont refusé de se laisser intimider et ont risqué leur vie ou l'ont parfois perdue en essayant de survivre.

Imagine-toi dans une situation où des gens viennent te chercher dans ton pays chaud et ensoleillé pour s'emparer de toi et t'enfermer dans la cale d'un navire négrier pendant plus de six semaines, dans le noir et au froid, pour une dure et cruelle traversée de l'océan vers un pays inconnu où tes nouveaux maîtres s'exprimeront dans des langues étrangères. Tu ne reverras jamais plus ta famille ni tes amis. Tu es enchaîné par les poignets et les chevilles à des centaines d'autres malheureux captifs, entassés les uns contre les autres, et à qui on ne donne presque rien à boire et à manger. Le tiers des prisonniers mourront avant la fin de ce terrible voyage. C'est ce qu'on a appelé le « passage du milieu ». Si tu parviens à destination, tu seras vendu à l'encan, comme un animal, à un maître inconnu qui te forcera à travailler dur pendant de longues heures, en te menaçant de torture ou de mort si tu n'obéis pas.

Environ de 55 à 80 millions d'Africains auraient ainsi été arrachés à leur famille, leur culture et leur religion pour devenir des esclaves. Un bon nombre a été vendu en Amérique du Nord et du Sud ou dans les Caraïbes pour travailler dans les plantations. Certains se sont retrouvés au Canada.

CHAPITRE 1 *Les esclaves*

Mathieu Da Costa, Olivier Le Jeune et les autres

Un esclave est une personne qu'on a capturée et forcée à travailler sans salaire. Les esclaves sont traités comme des biens plutôt que comme des êtres humains. L'esclavage a existé partout dans le monde depuis les temps anciens. Il y a encore des esclaves dans certains pays de nos jours. Dans l'Antiquité, les Grecs et les Romains avaient des esclaves, et avant que les Européens ne débarquent en Amérique du Nord, certains Autochtones faisaient de leurs ennemis des esclaves.

La traite des esclaves africains

Au début des années 1600, les marchands portugais et espagnols commencent à importer des esclaves africains au-delà de l'Atlantique pour leurs colonies d'Amérique Centrale et du Sud, car il leur faut une main-d'œuvre bon marché pour exploiter leurs nouveaux territoires. De 1562 à 1567, plusieurs chargements d'esclaves noirs capturés en Afrique sont vendus dans les colonies espagnoles par un pirate anglais, le capitaine John Hawkins. En 1619, un capitaine de la marine hollandaise vend des esclaves africains à Jamestown, Virginie, en Amérique du Nord britannique.

Le besoin de main-d'œuvre bon marché se fait grandement sentir dès le tout début de la colonisation du Nouveau Monde. La plupart des colonisateurs tentent sans succès d'utiliser les Autochtones. L'importation de serviteurs pauvres ou de prisonniers blancs européens ne donne pas de meilleurs résultats. Il faut un très grand nombre de travailleurs. À partir des années 1620, l'esclavage est approuvé. On s'empare des Africains chez eux pour les expédier de l'autre côté de l'Atlantique. La traite des esclaves devient vite une entreprise très lucrative.

Les marchands d'esclaves font des incursions dans les villages africains dont les habitants ne se méfient pas. Ils capturent surtout les pré-adolescents, les adolescents et les jeunes adultes dans la vingtaine ou la trentaine. Il faut que les esclaves soient suffisamment forts et en bonne santé pour survivre à la traversée funeste et au dur labeur auquel on les destine. Des chefs africains impitoyables vendent leurs semblables aux marchands d'esclaves en échange de fusils, de tabac et d'alcool.

La plupart des esclaves quittent l'Afrique à partir de deux régions : la « côte des esclaves » et la colonie portugaise de l'Angola. Les victimes s'expriment en plus de 800 différentes langues africaines. Au milieu des années 1600, 10 000 esclaves par année traversent l'océan. Dans les années 1700, ce chiffre s'élève à 60 000 par année. En 1760, les colonies comptent environ 400 000 esclaves. La plupart sont affectés aux récoltes de coton des grandes plantations des colonies du Sud, au Maryland, en Virginie, en Géorgie et dans les Carolines. Des négriers surveillent les groupes d'ouvriers noirs et les forcent sans pitié à travailler du lever au coucher du soleil.

Au Canada, la taille plus modeste des fermes et le climat froid limitent la saison des cultures. La plupart des Noirs du Canada servent dans les maisons ou travaillent parfois librement pour gagner leur vie. Au moment où la Grande-Bretagne abolit l'esclavage en 1834, la plupart des gens de couleur du Canada sont déjà affranchis.

Les Noirs en Nouvelle-France

La Nouvelle-France a compté environ 4 000 esclaves pendant une période de 125 ans. La plupart étaient jeunes et mouraient vers 17 ou 18 ans.

Le premier Canadien noir connu est Mathieu Da Costa. En 1605, il travaille pour Pierre Du Gua, sieur de Monts, gouverneur de la colonie de Port-Royal en Nouvelle-France. Il vit dans la fameuse habitation construite par Samuel de Champlain et il est membre de l'Ordre du Bon Temps. Comme il apprend facilement les langues, Mathieu fait office d'interprète pour Champlain auprès des populations micmaques. Il a été esclave des Portugais mais il est désormais considéré comme un égal et un homme libre dans la colonie.

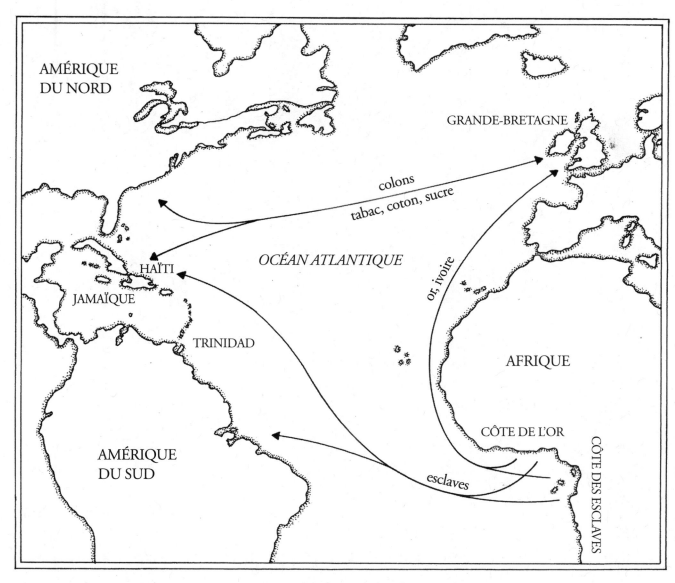

la traite des esclaves

En 1628, le premier esclave noir connu arrive au Canada avec le capitaine de corsaire David Kirke, qui enlève la forteresse de Québec à Champlain. Le garçon est vendu à un commis français de Québec au service des Anglais. En 1632, ces derniers restituent la forteresse aux Français. Alors que son propriétaire doit quitter le Québec, le jeune esclave est sauvé par Olivier Le Tardif. Le père Le Jeune le convertit au christianisme, le baptise et le nomme Olivier Le Jeune, en combinant les noms de son sauveur et du missionnaire. Olivier est affranchi en 1638 et travaillera comme serviteur jusqu'à sa mort en 1654.

En 1734, une femme noire de 25 ans, Marie-Joseph Angélique dont le maître vient de mourir, apprend qu'elle sera vendue. Par accident ou pour couvrir sa fuite, elle met le feu au domicile de son maître. L'incendie se propage rapidement et réduit en cendres 46 maisons de la colonie de Montréal. Après sa capture, elle sera torturée et pendue, et sa dépouille sera brûlée.

Lorsque la Nouvelle-France est conquise par les Britanniques en 1759, elle fait désormais partie de l'Amérique du Nord britannique. À cette époque, il y a plus de 1 000 esclaves noirs aux environs de Montréal et du fort français de Louisbourg.

Les Noirs dans les Maritimes

Les registres des Maritimes indiquent que des Noirs habitaient la région lorsque ces provinces faisaient partie de la Nouvelle-France. Mathieu Da Costa se trouve à Port-Royal au moment de sa fondation en 1605. En 1686, un homme noir appelé La Liberté vit sur l'île Cap de Sable. En 1739, le gouverneur français de Louisbourg possède un esclave originaire de l'île de la Martinique. Après la conquête des possessions françaises par les Britanniques, le lieutenant-gouverneur anglais de la Nouvelle-Écosse écrit en 1767 que la population de 13 374 habitants compte 104 Noirs. Environ la moitié d'entre eux habitent Halifax.

Les esclaves et affranchis au Canada anglais

En 1760, après la guerre de Sept Ans, l'esclavage devient légal en Amérique du Nord britannique, et on amène des esclaves dans les Maritimes. L'esclavage n'est pas populaire dans la région après 1800, mais il ne sera officiellement aboli qu'en 1834.

À l'éclatement de la révolution américaine en 1783, de nombreux sujets britanniques loyalistes immigrent au Canada. Ce mouvement amène deux groupes de Noirs aux colonies frontalières canadiennes. De 2 000 à 3 000 esclaves noirs accompagnent leur maître loyaliste en Nouvelle-Écosse, au Bas-Canada et au Haut-Canada*. On retrouve également des esclaves appartenant à des loyalistes à l'Île-du-Prince-Édouard, à l'île du Cap-Breton et à Terre-Neuve. Le deuxième groupe de Noirs à immigrer au Canada en grand nombre est composé de loyalistes noirs affranchis qui se sont battus pour la Grande-Bretagne contre les rebelles américains.

* De nos jours, le Bas-Canada est devenu la province de Québec et le Haut-Canada la province de l'Ontario.

Propos d'esclave

Les esclaves n'ont aucun droit. On s'attend à ce qu'ils obéissent, et non à ce qu'ils réfléchissent. On les maintient dans l'obéissance en les menaçant de sévices corporels et en les privant d'instruction. Vers 1830, un dicton populaire utilisé par les esclaves était : « Je suis à la fois la personne que je laisse voir aux Blancs, et celle que je suis vraiment. »

Pawni

En 1759, au moment de la conquête de la Nouvelle-France par les Britanniques et son annexion à l'Amérique du Nord britannique, les registres révèlent la présence de 3 604 esclaves en Nouvelle-France, mais dont 1 132 seulement sont des esclaves noirs. La plupart sont des Pawnee, ou Pawni, capturés sur leurs terres où se trouve maintenant le Nebraska, et réduits à l'esclavage.

Loyauté en amour

Marie-Joseph Angélique, l'esclave qui a déclenché l'incendie de la colonie de Montréal en essayant de fuir, était amoureuse d'un Blanc, Claude Thibault, qui l'encourageait à partir avec lui en Nouvelle-Angleterre. Bien qu'on l'ait torturée quatre fois pour la forcer à avouer sa culpabilité dans l'incendie, elle n'a jamais dénoncé de complice. Malgré ses souffrances, Marie-Joseph est demeurée loyale à son amoureux.

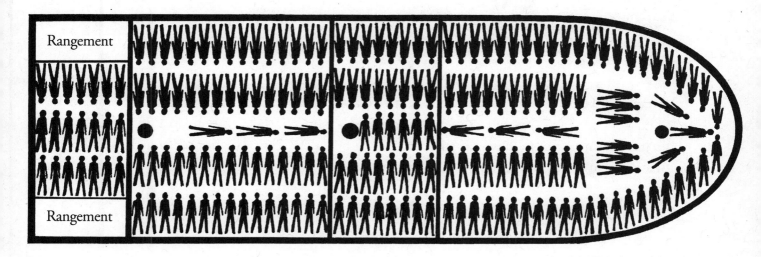

Rangement

Rangement

Ce dessin d'un navire négrier surpeuplé a servi aux sociétés abolitionnistes britanniques.

Mariages avec une ou un esclave

En Nouvelle-France, il arrive qu'un ou une propriétaire épouse son esclave. L'Église bénit ces mariages et l'esclave devient citoyen ou citoyenne libre. Les registres des premiers temps de la colonie révèlent qu'il y a eu trente-quatre mariages avec un ou une esclave pawnee et onze mariages avec une ou un esclave noir. Ce sont surtout des Français qui épousent une Autochtone pawnee tandis que ce sont surtout des Françaises qui épousent leur esclave noir. Environ 103 enfants naîtront de ces unions. Ces enfants se marieront à leur tour et laisseront à la postérité de nombreux descendants.

Fabrique un tambour africain

Les tambours ont toujours été un accessoire important de la culture africaine. Une fois parvenus dans le Sud des États-Unis, les esclaves se voient interdire la fabrication de tambours par leur propriétaire chrétien. Ils ne peuvent pas non plus en jouer ou danser. Pour les propriétaires, les tambours appartiennent au paganisme et, par conséquent, sont au service du mal!

Ce qu'il te faut :

- deux pots de fleurs de 15 à 20 cm de diamètre
- de la colle ou un boulon, un écrou et deux rondelles
- deux morceaux de cuir ou de caoutchouc mince (chambre à air) assez grands pour obtenir un diamètre plus grand de 5 cm que celui des pots
- une corde ou un fil solide

Ce qu'il faut faire :

1. Assemble les bases des deux pots avec de la colle ou au moyen du boulon, de l'écrou et des rondelles.

2. Décore les pots.

3. Dans les pièces de cuir ou de caoutchouc, découpe deux cercles d'un diamètre plus grand de 5 cm que le diamètre du haut des pots.

4. Perce le même nombre de trous sur le contour de chaque pièce.

5. Passe la corde verticalement entre les deux peaux de tambour tel qu'illustré à la page suivante. Si tu utilises du cuir, fais-le d'abord tremper dans l'eau.

6. Installe la corde de tension autour des cordes verticales en les enroulant à mesure autour de chaque corde verticale. Resserre la corde de tension jusqu'à obtenir la tonalité voulue, puis fais un nœud. Amuse-toi bien à jouer du tambour!

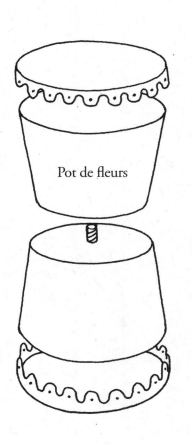

Pot de fleurs

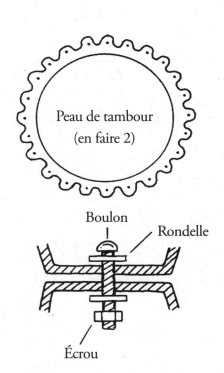

Peau de tambour
(en faire 2)

Boulon

Rondelle

Écrou

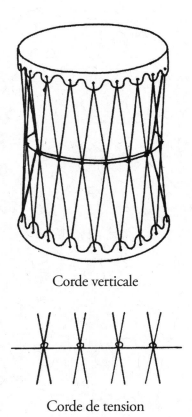

Corde verticale

Corde de tension

MOTIF AFRICAIN

CHAPITRE 2 *Les loyalistes*

Rose Fortune, Thomas Peters et les autres

Les communautés noires ont vu le jour au Canada il y a plus de 200 ans.

Lorsque les rebelles américains gagnent la révolution, les Britanniques doivent se retirer des colonies. Ils offrent des terres gratuites au Canada à tous les loyalistes qui ont combattu à leurs côtés. Environ 40 000 immigrants restés loyaux à la Couronne britannique viennent commencer une nouvelle vie dans la nature sauvage canadienne.

La Nouvelle-Écosse ne compte que 100 colons noirs libres avant l'arrivée de plus de 3 500 loyalistes noirs affranchis qui immigreront de 1782 à 1784. En outre, des milliers d'esclaves noirs suivent leurs maîtres loyalistes blancs. Des loyalistes blancs et noirs s'établiront également au Haut-Canada et au Bas-Canada.

George Washington, premier président des États-Unis, et la révolution américaine sont des symboles de liberté et d'autonomie, mais à l'époque, les nouveaux droits démocratiques ne concernent pas encore les Noirs, les femmes et les Blancs pauvres qui ne possèdent pas de terre. Washington est propriétaire de centaines d'esclaves qui travaillent à sa prospère plantation de Mount Vernon. Ce n'est que beaucoup plus tard que l'ensemble des citoyens américains jouiront de la démocratie pour tous.

De nombreux Noirs ont été libérés par la guerre, mais cette liberté leur a été offerte par les Britanniques, non par les Américains. En 1775, lord Dunmore, alors gouverneur de la Virginie, affranchit les esclaves des rebelles s'ils acceptent de se battre avec les Britanniques. Environ 300 anciens esclaves forment un régiment qui porte le nom du gouverneur. Ces combattants affichent sur leur poitrine le slogan « *Liberty to Slaves* » (la liberté aux esclaves). Plus tard, les Britanniques font une offre semblable aux esclaves des rebelles de toutes les colonies. À cette époque, le sixième de la population de toutes les colonies est de race noire. Après la révolution, les Britanniques continuent d'offrir leur liberté aux esclaves des rebelles, mais non aux esclaves des loyalistes britanniques du Canada. Certaines colonies américaines réagissent par de nouvelles lois très sévères qui permettent aux propriétaires d'esclaves de vendre ou tuer tout esclave qui tente de fuir.

À l'été et l'automne 1783, une flotte de 183 navires commence à naviguer entre la ville de New York et la Nouvelle-Écosse et ce qui deviendra bientôt le Nouveau-Brunswick. Ces navires conduiront 35 000 loyalistes en lieu sûr. Ces navires se déplacent par flotte de 12 ou plus, afin de se protéger contre les corsaires américains qui s'embusquent vicieusement en vue de voler et tuer les réfugiés. D'autres loyalistes se rendent par voie de terre dans le Haut-Canada et le Bas-Canada.

La *Company of Negroes* est l'un des premiers groupes de loyalistes à parvenir en Nouvelle-Écosse depuis Boston en 1776. En 1783, des milliers d'autres loyalistes noirs se réfugieront en Nouvelle-Écosse.

Terres gratuites

On a promis des terres aux loyalistes, mais ceux-ci sont si nombreux qu'ils doivent attendre longtemps avant d'en obtenir une. Les fonctionnaires qui octroient les terres aux nouveaux arrivants sont débordés par le nombre de nouveaux colons frustrés et leurs revendications, car ces derniers ont hâte de commencer la construction de leur habitation.

Les règles régissant l'octroi des terres ne favorisent ni les Noirs ni les Blancs démunis. On s'occupe d'abord des personnes qui ont le plus perdu durant la guerre. Ce sont généralement de riches Blancs qui possédaient de grandes propriétés. On a prévu offrir 40 hectares de terre aux chefs de famille parmi les réfugiés plus pauvres, plus 20 hectares par membre de la famille, y compris l'épouse, les enfants et les esclaves. Pour ce qui est des soldats, la superficie des lots dépend du rang qu'ils occupaient dans l'armée. Par exemple, un officier reçoit 400 hectares, mais un simple soldat en reçoit 40. Étant donné que les Noirs sont les plus pauvres de tous, d'anciens esclaves, et qu'ils ont rarement été officiers dans l'armée, ils sont les derniers à profiter des octrois et reçoivent les plus petites parcelles de terre.

Birchtown

Pendant que les Noirs créent leurs propres communautés en Nouvelle-Écosse, d'autres viennent les rejoindre. En 1784, la collectivité noire de Birchtown, près de Shelburne (qui s'appelle alors Port Roseway), atteint 2 700 personnes pour devenir la plus grande collectivité noire de Nouvelle-Écosse. Les membres du *Black Pioneers*, un régiment composé de loyalistes noirs, contribuent à l'établissement de Birchtown.

Stephen Blucke

Stephen Blucke, né à la Barbade d'une mère noire et d'un père blanc, a commandé une unité de combat au New Jersey. Il devient un chef de file dans la collectivité noire de Birchtown et l'un de ses plus imposants propriétaires. Il s'est vu octroyer 500 hectares. Son épouse, Margaret, a acheté sa propre liberté à New York à l'âge de 14 ans, puis celle d'une jeune fille, Isabella Gibbons. À leur arrivée en 1783, Stephen a 31 ans et Margaret 40 ans. Isabella a 20 ans.

Blucke a reçu sa terre avant 1786, mais seulement 184 des 649 candidats noirs de Birchtown ont obtenu la leur en 1787. Un bon nombre d'entre eux devront attendre quatre ans et certains seront complètement oubliés. Blucke sait lire et écrire, ce qui fait de lui un puissant dirigeant. Il aide souvent les autres Noirs à formuler des demandes de terres ou de matériel. Il organise des équipes de construction des routes et se charge de l'enseignement aux enfants noirs. Le bateau de pêche de Blucke est l'un des premiers construits par des Noirs à Shelburne.

Malheureusement, Blucke meurt mystérieusement en disgrâce. Trompant son épouse avec Isabella, il a une fille d'elle prénommée Frances. Son épouse, humiliée, retourne à New York. Il sera accusé d'avoir gardé pour lui de l'argent que d'autres lui avaient confié. Puis il disparaîtra subitement. Après qu'on ait découvert ses vêtements en lambeaux sur la route de Pell, certains croiront qu'il a été attaqué par des animaux sauvages, mais on ne retrouvera jamais son corps.

Digby

Des loyalistes noirs s'établissent également à Digby, Nouvelle-Écosse, ou dans les environs, créant ainsi la deuxième plus grande collectivité noire de la province. Thomas Peters, un esclave fugitif de la Caroline du Nord, se joint aux *Black Pioneers* en 1776 pour combattre les rebelles. Lui-même et Murphy Still sont sergents dans l'armée. À compter de 1783 et pendant six longues années, ils écrivent aux autorités au nom des soldats, se plaignant des longs délais d'attente avant d'obtenir les terres qu'on leur a promises. Seulement 76 petits lots ont été octroyés dans ce village en 1789. En tout, environ 500 loyalistes noirs se verront accorder une terre en Nouvelle-Écosse.

Little Tracadie

Thomas Brownspriggs, qui dirige la collectivité noire de Little Tracadie, a reçu une bonne éducation et jouit du respect des Blancs comme des Noirs. Le gouverneur Parr le nomme agent en vue de l'établissement d'une colonie noire. En 1787, le jour même où il dépose une réclamation pour des terres, il se voit octroyer des subventions de 16 hectares pour 74 de ses colons noirs. Brownspriggs est instituteur et joue un rôle important dans l'Église anglicane.

Preston

Une collectivité de 29 familles noires s'établit à Preston, près de Dartmouth, en 1783. Un an plus tard, seulement 10 d'entre elles se sont vues octroyer une terre. Le problème ne réside pas tant dans la pénurie de terres que dans les frais d'arpentage des lots. La plupart des Noirs n'ont pas les moyens de payer un arpenteur.

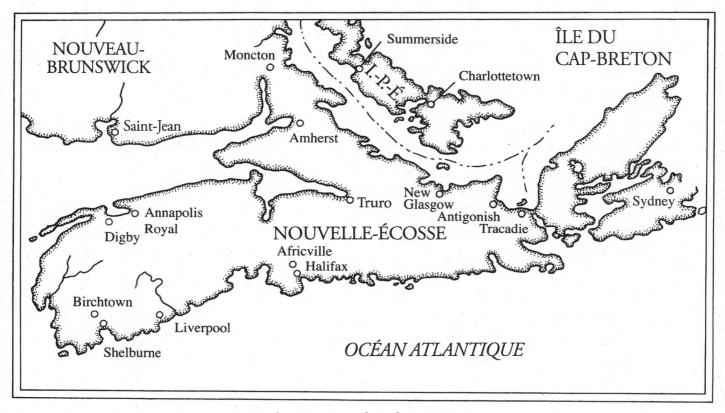

Colonies noires dans les Maritimes

Colonies noires du Nouveau-Brunswick

Au moment de la création du Nouveau-Brunswick en 1784, sa population noire s'élève à 874 personnes, dont 441 esclaves et 433 immigrants libres. Les 433 affranchis ont reçu de petits lots à Saint-Jean, et certains se sont regroupés en compagnies (trois en tout) qui ont reçu 121 lots agricoles supplémentaires de 20 hectares. La plupart des Noirs travaillent au village plutôt que de cultiver la terre. La première collectivité noire à connaître du succès sera Otnabog, en 1812.

Île-du-Prince-Édouard

Avant 1799, l'Île-du-Prince-Édouard s'appelle l'île Saint-Jean. Dès 1784, il s'y trouve 42 serviteurs et esclaves noirs.

Meneurs paroissiaux

De nombreux Noirs doivent non seulement s'adapter au climat froid et à la vie rude des pionniers, mais également se faire à l'idée d'être libres, eux qui étaient esclaves avant d'immigrer. Ils recherchent le soutien de la paroisse, de l'école et de leur famille pour s'acclimater à leur nouveau milieu.

Des prêcheurs évangélistes comme Joseph Leonard, Cato Perkins, Boston King et Moses Wilkinson se mettent au service de leur peuple. Moses Wilkinson est aveugle et boiteux. David George, ancien esclave, avait fondé la paroisse baptiste Silver Bluff en Caroline du Sud, la première congrégation noire en Amérique du Nord. En Nouvelle-Écosse, il continue de prêcher à titre de loyaliste noir. Hector Peters, évangéliste en Nouvelle-Écosse, deviendra le premier missionnaire baptiste de la Sierra Leone en Afrique.

Émeutes raciales blanches

Un grand nombre de loyalistes noirs de la Nouvelle-Écosse deviennent métayers, journaliers ou serviteurs, mais l'économie défaillante entraîne des rivalités entre les Blancs démunis et les Noirs qui, selon les premiers, occupent leurs emplois. Le conflit engendre la haine et les préjugés qui mèneront à l'émeute raciale de juillet 1784 à Shelburne et Birchtown. Celle-ci durera 10 jours, obligeant le gouverneur Parr à envoyer l'armée et la marine pour rétablir l'ordre.

Exode en Afrique

Tout comme les loyalistes blancs, les loyalistes noirs sont censés recevoir une terre gratuite et de l'aide financière du gouvernement britannique pour s'établir au Canada, mais un grand nombre n'en recevront pas. Les délais d'attente sont longs et les règles souvent difficiles à comprendre. Les Noirs sont de plus en plus victimes de préjugés sociaux. La froideur du climat, les promesses non tenues et le milieu hostile les découragent.

Certains rejoignent le groupe de Thomas Peters, l'ancien esclave de Caroline du Nord qui a combattu comme sergent au sein du régiment *Black Pioneers*. Après avoir lutté sans succès pour aider ses partisans à obtenir la terre qui leur est due, il se rend en Angleterre demander qu'on les ramène tous en Afrique, même si la moitié d'entre eux sont nés en Amérique du Nord.

Le gouvernement britannique est sympathique à leur cause. Il accorde à son groupe le voyage gratuit vers la colonie britannique de Sierra Leone, fondée en Afrique de l'Ouest par les loyalistes noirs d'Angleterre en 1787.

En 1792, le tiers des loyalistes noirs de Nouvelle-Écosse, soit 734 adultes et 456 enfants, embarquent sur 15 navires. Cet exode sur un océan déchaîné en tuera 65. À leur arrivée, les survivants fondent une nouvelle colonie appelée Freetown, qui deviendra la plus grande ville côtière d'Afrique de l'Ouest.

Première femme noire du Haut-Canada?

Les parents de Sophia, âgée de sept ans, et de sa sœur étaient esclaves dans l'État de New York. Les deux beaux-fils du maître s'emparent un jour des deux fillettes qui jouent dehors, leur enfoncent des mouchoirs dans la gorge et les jettent dans la cale obscure d'un navire en partance pour Niagara.

Sophia prétendra plus tard être la première fille noire arrivée au Canada. Elle dira avoir été vendue au célèbre chef autochtone loyaliste Joseph Brant. Celui-ci l'aurait bien traitée, mais revendue vers l'âge de 12 ans.

Sophia sera affranchie lorsqu'entreront en vigueur les lois abolitionnistes du gouverneur Simpson dans le Haut-Canada. Elle se rend alors à Waterloo où elle épouse un Noir, Robert Pooley.

Première femme policière d'Amérique du Nord

La petite Rose Fortune a environ 10 ans à son arrivée en Nouvelle-Écosse dans un grand navire. C'était à Annapolis Royal en 1783. Elle est née esclave en Virginie. Ses propriétaires, la famille Devone, sont loyalistes et ont immigré en Nouvelle-Écosse avec leurs esclaves, dont Rose et ses parents. Rose et les membres de sa famille sont affranchis après leur arrivée.

Rose deviendra une légende en Nouvelle-Écosse et l'exemple d'une femme libérée non seulement de l'esclavage, mais des stéréotypes féminins. Pour survivre, elle travaille sur les quais ou comme « porteur ». Elle transporte les bagages des passagers des navires à leur domicile ou leur hôtel. Même si elle n'est pas très grande, Rose est forte physiquement et peut charger sa brouette et la pousser. Femme d'affaires, elle offre ses services à quiconque a besoin de faire transporter des biens. Elle offre également un service de « réveil » aux voyageurs qui ont retenu une place sur un navire ou qui doivent respecter un rendez-vous. Son entreprise florissante, lancée vers 1825, est la première entreprise de déménagement au Canada. Ses descendants continuent de diriger des entreprises dans le domaine du transport.

Rose est reconnaissable à son aspect particulier : un jupon dépasse de sa robe par-dessus laquelle elle enfile un tablier et une veste d'homme. Elle est coiffée d'un bonnet de dentelle surmonté d'un chapeau de paille d'homme. Les talons de ses bottes d'homme la grandissent de plusieurs pouces. Elle lance la mode, car d'autres pionnières noires s'habilleront comme elle.

Rose remarque que de jeunes voyous font du grabuge sur les quais. Elle s'attribue la fonction de policière du port d'Annapolis Royal. Les délinquants s'empressent de fuir ses attaques et ses fessées. Les journaux britanniques font état d'une femme noire qui arpente les rues à titre de première policière, impose des amendes et fait observer le couvre-feu pour protéger les visiteurs et les citoyens. Rose se joindra plus tard au chemin de fer clandestin. Elle transportera les réfugiés des quais en lieux sûrs. Rose Fortune est décédée en 1864 à l'âge de 90 ans.

Retour à l'esclavage

Ce ne sont pas tous les réfugiés noirs qui s'en sortent bien. Mary Postell, née esclave d'un officier rebelle, s'échappe pour aider les Britanniques lors de la révolution américaine. Elle s'acharne au travail, œuvrant à la construction des forts, après quoi elle reçoit son certificat d'affranchissement des Britanniques. À la fin de la guerre, un agent inconnu exige de voir son certificat, lequel ne lui sera jamais rendu.

Elle se rend en Floride après avoir été engagée comme servante par Jesse Gray qui la rétablit dans son état d'esclave. Lorsque Gray fuit en Nouvelle-Écosse comme loyaliste, il amène Mary et ses filles avec lui. À Shelburne, celle-ci s'enfuit avec ses enfants, craignant que Jesse Gray la vende, car elle ne veut pas être séparée de ses filles. Elles seront rapidement retrouvées à Birchtown. Lors du procès qui suivra, deux Noirs confirment la version de Mary, mais les préjugés sont tenaces envers les esclaves qui ont fui un maître loyaliste. Des truands blancs brûlent la maison et tuent un des enfants d'un témoin noir.

Gray, qui prétend avoir perdu l'acte de vente de Mary, gagne sa cause et vend immédiatement Mary à William Maugham pour 100 boisseaux de pommes de terre. Maugham habite le long de la côte, à Argyle. Jesse Gray garde une des filles de Mary, Nell, comme esclave et vend l'autre, Flora, à John Henderson.

Colore les illustrations de ce livre sur l'héritage des Noirs

Les illustrations de ce livre sont l'œuvre de l'artiste A.G. Smith. Tu peux les photocopier et les colorer, afin de créer ton propre album concernant des Noirs qui ont contribué à l'histoire de notre pays.

Ce qu'il te faut :

- un photocopieur
- des crayons de couleur ou des crayons de cire, ou encore de la peinture et des pinceaux

Ce qu'il faut faire :

1. Photocopie la ou les pages de ce livre que tu souhaites colorer. Utilise les illustrations pleine page, comme celles du début de chaque chapitre. Tu peux aussi dessiner tes propres illustrations.

2. Colore les illustrations de ton choix.

3. Tu peux aussi les encadrer ou en coller plusieurs dans un album sur l'héritage des Noirs. Crée des illustrations en couleur par toi-même, ou avec des amis ou des copains de classe.

3

Les chefs de train et leurs passagers

Harriet Tubman, Josiah Henson et les autres

Le chemin de fer clandestin ne roule pas sous la terre ni sur des rails.

À partir des années 1780, il existe un réseau secret de Blancs et de Noirs affranchis qui se sont donnés pour mission d'aider les esclaves à fuir leur maître et à trouver la liberté dans les États du Nord et au Canada. Toutefois, le terme « *Underground Railway* » (URR) ou « chemin de fer souterrain ou clandestin » (CFC) ne sera répandu qu'aux environs de 1840.

Cette organisation n'a pas de commandement central. Des guides (les chefs de train) aident les esclaves (les passagers) au moyen de codes secrets, de signaux, de messages et de déguisements. Des routes secrètes (les voies) zigzaguent d'un lieu sûr au suivant (les gares), changeant souvent de direction afin de tromper les chasseurs d'esclaves embauchés pour retrouver les fuyards. Imagine que tu es un passager, dormant le jour dans une grotte, sous un pont, dans une cave ou une grange, et parcourant 50 kilomètres à pied la nuit dans des villages inhospitaliers, des lieux sauvages ou des marécages. Au bout de deux ou trois mois à t'alimenter de feuilles et de baies, à boire l'eau des rivières, à survivre aux pluies abondantes et aux nuits froides, sans abri, tu espères vraiment arriver à destination.

L'esclavage est légal à cette époque, ce qui signifie que les chefs de train sont des hors-la-loi. On peut leur imposer des amendes ou les emprisonner, tout comme si toi tu aidais un criminel à s'échapper. Dans les États du Sud, ils risquent d'être fusillés ou pendus par les planteurs. Leur zèle chrétien et leur conviction que l'esclavage est un péché amènent les quakers, les presbytériens et les méthodistes wesleyen à aider les fugitifs. Des Noirs affranchis et d'anciens esclaves aident également les réfugiés.

Abolition de l'esclavage dans le Haut-Canada

En 1793, John Graves Simcoe, alors lieutenant-gouverneur du Haut-Canada, réussit à convaincre l'Assemblée du Haut-Canada* d'adopter une loi qui rend l'esclavage illégal. Cette loi n'abolira pas l'esclavage instantanément comme Simcoe l'aurait voulu, mais c'est le commencement de la fin. Tout esclave amené au Canada ou parvenant au Canada par ses propres moyens est automatiquement affranchi. Tout enfant d'esclave né après 1793 est affranchi à l'âge de 25 ans, et ses enfants naissent libres. L'esclavage disparaîtra graduellement pour cesser complètement en 1820.

L'esclavage demeure légal dans l'Empire britannique jusqu'en 1834 et aux États-Unis jusqu'à ce que l'armée nordiste remporte la guerre de Sécession de 1865. Le Canada est la destination de choix des esclaves d'Amérique du Nord. De nombreux esclaves des États-Unis entendent parler de la liberté au Canada. Ils risquent leur vie pour tenter de s'y rendre, certains par le chemin de fer clandestin, d'autres par leurs propres moyens en se guidant sur l'étoile du Nord, qu'ils appellent la « gourde ».

Fugitive Slave Act (1793)

L'année de l'abolition de l'esclavage par Simcoe, le congrès des États-Unis adopte la première loi sur les esclaves en fuite (*Fugitive Slave Act*) qui fait des hors-la-loi les personnes qui aident un fugitif. Les esclaves qui ont trouvé refuge dans les États du Nord ne sont plus en sécurité et un grand nombre part au Canada. Les activités du réseau d'honnêtes gens qui n'hésitent pas à désobéir à la loi et à aider les esclaves s'intensifient.

* En 1791, le Haut-Canada correspondait plus ou moins à ce qui est aujourd'hui la province de l'Ontario. Le Bas-Canada correspondait en grande partie à la province de Québec. De 1841 à 1867, on les appelait le Canada-Ouest et le Canada-Est.

Fugitive Slave Act (1850)

Aux États-Unis, les désaccords à propos de l'esclavage deviennent problématiques. Les planteurs n'aiment guère que les esclaves puissent s'enfuir dans les États du Nord et y vivre. En 1850, les politiciens du Sud, protégeant les intérêts des propriétaires d'esclaves, parviennent à convaincre le Congrès des États-Unis d'adopter une loi plus musclée sur les esclaves en fuite. Les chasseurs d'esclaves peuvent désormais poursuivre et capturer un fugitif, et le ramener à son maître dans le Sud.

Les Noirs affranchis courent également des risques, car ils doivent prouver qu'ils ne sont pas en fuite. Un nouveau commerce d'esclaves voit le jour. Les Noirs qui vivent librement dans les États du Nord se font kidnapper par les chasseurs de primes qui les revendent comme esclaves. D'autres Noirs des États du Nord partent vers le Canada où l'esclavage est illégal.

Certains chasseurs d'esclaves traversent la frontière pour kidnapper des Noirs canadiens. Des groupes d'autodéfense s'organisent pour surveiller les chasseurs et sonnent l'alarme s'ils en dépistent un. Il arrive que les membres de ces groupes se rassemblent par centaines pour arrêter les kidnappeurs.

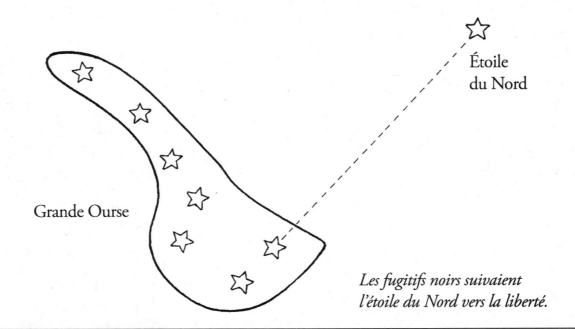

Étoile
du Nord

Grande Ourse

*Les fugitifs noirs suivaient
l'étoile du Nord vers la liberté.*

Vocabulaire du chemin de fer clandestin

Les participants au chemin de fer clandestin communiquent entre eux dans une langue secrète, verbalement ou par écrit, afin de camoufler leurs activités illégales.

Cargaison ou **passager** sont les termes pour les esclaves en fuite.

Gare ou **dépôt** signifie un lieu sûr où s'arrêter ou se reposer en route vers le nord. Ceux-ci peuvent être éloignés de 40 à 50 kilomètres.

Les **chefs de train** sont ceux qui transportent ou guident les passagers ou la cargaison.

Les **agents** ou les **chefs de gare** sont des bénévoles qui cachent des fugitifs dans leur maison, leur grange, leur sous-sol, leur grenier, etc.

Les **employés** sont des personnes qui aident les esclaves à s'enfuir, certains contre de l'argent, d'autres gratuitement. Ce peut être des conducteurs de bateau ou de réels employés du chemin de fer qui cachent la cargaison illégale.

Les **actionnaires** donnent de l'argent pour la nourriture, les vêtements, l'abri ou le transport.

Abolitionnistes blancs

Les esclaves n'ont aucun droit. Ils peuvent être cruellement enchaînés, battus, vendus sans avertissement ou séparés de leur famille. Les abolitionnistes blancs du Canada et des États-Unis s'efforcent de les libérer et de les aider.

Une femme quaker, Laura Haviland, institutrice à Windsor, a aidé les esclaves de Détroit à s'enfuir en traversant la rivière. Un autre quaker, Levi Coffin, se verra décerner le titre de président du chemin de fer clandestin après avoir sauvé plus de 3 500 esclaves. Il a œuvré en Ohio et dans l'Indiana pendant plus de 35 ans et a construit des cachettes dans ses caves et ses greniers.

Alexander Ross de Belleville, en Ontario, est un médecin blanc qui déteste l'esclavage. Il se passionne pour l'ornithologie, ce qui lui permet de faire semblant d'étudier les oiseaux comme prétexte de ses expéditions dans le sud des États-Unis, ayant en fait pour objectif d'aider des esclaves à s'enfuir. Il leur donne de l'argent et des provisions, ou les guide lui-même jusqu'au Canada. À Nashville, une esclave vient le supplier de l'aider. Son mari s'est enfui au Canada et son maître veut l'obliger à se remarier. Ses objections lui ont valu de violents coups de fouet. Ross la fait s'habiller comme l'un de ses serviteurs et ainsi déguisée en homme il la ramène au Canada où il l'aide ensuite à retrouver son mari.

Ross se rendra célèbre à titre d'abolitionniste audacieux. Durant la guerre de Sécession, Abraham Lincoln le rencontre pour lui parler d'une espionne confédérée vivant à Montréal, dont le nom de code est madame Williams. Cette femme transmet l'information des espions sudistes qui opèrent au Canada. Ross communique avec madame Williams et parvient à la convaincre qu'il soutient sa cause. Invité à l'accompagner lors de l'un de ses voyages à New York, il en profite pour avertir la police américaine. L'espionne est arrêtée à la frontière avec 82 messages secrets cousus dans sa veste.

Thomas Garrett de Philadelphie escorte 2 700 fuyards en lieu sûr. Il a reçu tellement d'amendes qu'il ne lui reste plus un sou en poche. Lorsqu'il remet ses derniers dollars, la personne qui perçoit les amendes lui lance avec mépris : « J'espère que ça vous découragera de désobéir à la loi. » Dans une attitude de défi Thomas Garrett lui répond : « Mon ami, il ne me reste plus rien, mais si tu connais un fugitif qui a besoin d'un repas, tu peux me l'envoyer. »

John Fairfield est né dans une famille riche qui possède des esclaves, mais il s'oppose à l'esclavage. Dans le dessein de rechercher des « passagers », il se rend dans le sud en se faisant passer pour un marchand d'esclaves. Un jour qu'il doit escorter 28 fugitifs à proximité de rues remplies de chasseurs d'esclaves à l'affût, il organise une fausse procession funèbre pour pouvoir cacher les esclaves dans les corbillards et serpenter avec lenteur devant les chasseurs d'esclaves qui ne se doutent de rien.

Les femmes qui jouent le rôle d'« agent » et de « chef de train » figurent parmi les plus audacieux et les plus dévoués d'entre eux. La fille d'un tavernier de Pennsylvanie, qui avait caché une esclave, entend la fugitive appeler à l'aide. Un chasseur d'esclaves est en train de la kidnapper. La jeune fille réagit sur le champ. Elle descend à toute vitesse et se jette sur le chasseur de prime, armée d'un balai, jusqu'à ce qu'un voisin vienne assommer l'homme.

Une femme de l'Ohio qui transporte des fuyards sous une couverture dans sa charrette s'enlise dans la boue. Quatre voisins, eux-mêmes propriétaires d'esclaves, viennent à son secours, ignorant ce qu'elle transporte. Après qu'ils eurent dégagé la voiture, non sans mal, elle les remercie poliment avant de poursuivre sa route.

Fuites audacieuses

Les stratégies de fuite consistent souvent à se déguiser. En 1848, William Craft, esclave affranchi, est déterminé à sauver son amie de cœur, Ellen, qui est esclave. Ellen a la peau suffisamment claire pour passer pour une Blanche. Elle se déguise en revêtant les habits d'un Blanc aisé qui voyage vers le nord. William Craft joue le rôle d'un esclave loyal et s'acquitte de l'entière conversation pour sa maîtresse qui est supposément trop malade pour parler. Le couple séjourne dans les meilleurs hôtels en route vers la liberté.

C'est après sa fuite qu'Henry « Box » Brown acquiert son surnom. Il s'est enfui d'une société productrice de tabac en Virginie où il travaillait comme esclave. Avec l'aide d'amis, il s'expédie lui-même vers le nord dans un colis destiné à l'*Anti-Slavery Society* (Société anti-esclavagiste) de Philadelphie. Durant les 26 heures que dure le voyage, les employés du chemin de fer mettent accidentellement la boîte (*box*) à l'envers. Il voyage donc vers la liberté tête en bas. Une fois la boîte ouverte, Henry surprend tout le monde en les saluant : « Comment allez-vous, messieurs? »

Burr Plato, un réfugié de Virginie, s'est enfui en 1856 en compagnie de sept autres esclaves. Il est parvenu à épargner 50 $, ce qui leur permettra de survivre pendant plus d'un mois. Après avoir atteint Fort Erie, et trouvé enfin la liberté, il ne lui reste plus que 5 $ et un sac de biscuits. Au Canada, Burr apprend à lire et à écrire. Il travaille dur et épargne suffisamment d'argent pour se trouver une maison, se marier et engendrer 10 enfants. Il sera l'un des premiers Noirs à être élus au gouvernement municipal canadien par des citoyens blancs.

Anthony Burns quitte la Virginie en 1854 et se rend jusqu'à Boston. Son propriétaire le poursuit et le capture. Un groupe en colère tente de le sauver. Lors de l'intervention des soldats pour rétablir l'ordre, un participant perd la vie et d'autres sont blessés. Plusieurs jours plus tard, il faut limiter l'accès au palais de justice par des chaînes alors qu'une foule de 50 000 personnes afflue. Burns est remis à son maître, mais ses partisans recueilleront suffisamment d'argent pour acheter sa liberté et le faire admettre dans un établissement d'enseignement supérieur. Il deviendra pasteur et, à son arrivée au Canada, il deviendra ministre de l'Église baptiste de Sion à St. Catharines, dans le Canada-Ouest, de 1860 jusqu'à sa mort en 1862.

Repris

John Mason était esclave au Kentucky jusqu'à sa fuite au nord de l'Ohio. Déterminé à aider d'autres Noirs, il y retourne souvent et sauve plus de 1 300 autres esclaves. Il est capturé lors d'une de ces incursions. Le chasseur d'esclaves lui brise les deux bras et le brutalise avant de le vendre et d'en faire de nouveau un esclave. Mason réussira à s'enfuir une nouvelle fois. Avec l'aide de ses contacts du chemin de fer clandestin, il parviendra à Hamilton, en Ontario, où il s'établira pour de bon.

Josiah Henson

Né esclave dans une plantation du Maryland en 1789, Josiah découvrira les horreurs de l'esclavage à un très jeune âge. Son père, s'étant opposé au contremaître qui insultait sa femme, la mère de Josiah, est puni de 100 coups de fouet, se fait couper l'oreille et est vendu dans les États du Sud. Josiah est ensuite séparé de ses frères et sœurs, tous vendus à divers propriétaires.

Parvenu à l'âge adulte, Josiah épouse une autre esclave, Charlotte, qui lui donnera 12 enfants. Josiah travaille dur et se montre loyal. Son propriétaire lui confie alors la responsabilité de la plantation et de plus en plus de responsabilités. Josiah devient prêcheur et épargne 300 $ pour acheter sa liberté. Mais le propriétaire s'est joué de Josiah, qui ne savait pas lire, en indiquant sur le contrat qu'il lui a fait signer la somme de 1 000 $ pour sa liberté. Lorsqu'il s'aperçoit qu'il sera vendu, la colère et la crainte ressenties par Josiah le motivent à tout tenter pour s'enfuir.

Son dangereux périple commence en 1830. Il fait traverser la rivière Ohio à sa famille dans une petite embarcation à rames. Josiah porte ensuite les deux plus jeunes de ses enfants dans un sac sur son dos, pendant que les deux autres marchent avec leur mère. La famille se déplace la nuit et se cache durant le jour, jusqu'à ce que des membres du chemin de fer clandestin l'aident finalement à atteindre le Canada. Il décrit comment il s'est jeté au sol en arrivant sur la rive, reconnaissant. Il se roulait dans le sable, embrassait la terre et dansait comme un fou.

Enfin libre en 1849, Josiah publie un livre sur sa vie, intitulé *The Life of Josiah Henson, Formerly a Slave, Now an Inhabitant of Canada* (*Vie de Josiah Henson, ancien esclave, habitant maintenant au Canada*). Comme il ne sait ni lire ni écrire, c'est un ami de Josiah qui rédige le récit pour lui. Ce livre décrit le traitement cruel et la vie ardue d'un esclave. Trois ans plus tard, Harriet Beecher Stowe écrira un roman inspiré en partie du vécu de Henson, *Uncle Tom's Cabin* (*La Case de l'oncle Tom*). Ce livre rendra Josiah célèbre et amènera des gens du monde entier à condamner l'esclavagisme.

Au Canada, Josiah rêve d'une colonie autonome pour les esclaves en fuite. Il risque sa propre liberté en devenant chef de gare du chemin de fer clandestin et en retournant dans les États du Sud pour escorter plus de 100 fugitifs au Canada. En 1842, il contribue à la fondation de la colonie Dawn. Josiah continue de prêcher et de donner des conférences. En 1837, il commande la compagnie militaire de volontaires noirs qui combattent pour défendre le Canada. Josiah Henson meurt au Canada le 5 mai 1883.

Harriet Tubman

Harriet Tubman, une esclave du Maryland, s'enfuit en 1849 vers St. Catharines au Canada-Ouest. Elle a des cicatrices au visage et sur le corps à force d'avoir été battue dans son enfance, ayant commencé à travailler dans les champs à l'âge de neuf ans avec les esclaves adultes. Après avoir été frappée à la tête par son maître, Harriet souffrira de convulsions toute sa vie.

On lui donnera le surnom de « Moïse noir », inspiré de la Bible, parce qu'elle est retournée 19 fois dans les États du Sud pour escorter plus de 300 esclaves vers la liberté, y compris ses propres parents et ses trois frères. Ce petit bout de femme déterminée survient sans avertissement, se déplaçant sans bruit, comme un fantôme. Les esclaves chuchotent son nom dans les plantations et tendent l'oreille dans l'espoir d'entendre sa chanson, dehors, tard dans la nuit : « Quand arrivera le vieux charriot, qui viendra avec moi ? » Et ils répondaient en chantant : « Quand le vieux charriot viendra, j'irai

avec toi. » Elle apporte de la nourriture et de quoi soigner les plaies et les maladies, et porte ceux qui sont trop faibles pour marcher. Harriet est également armée d'un pistolet, et menace ceux tentés d'abandonner la course : « Vis au Nord, ou meurs ici! »

Certaines légendes commencent à circuler à propos d'Harriet. Les propriétaires d'esclaves offrent une prime de 40 000 $ à quiconque la ramènera « morte ou vive ». À une occasion, elle se déguise en vieille femme transportant des poules vivantes qui s'agitent, les pieds liés au bout d'une corde. Son ancien maître surgit soudain dans la rue. Elle réagit rapidement en libérant les poules et en les pourchassant. Ne réalisant pas vraiment qui elle est, les témoins de la scène se mettent à rire de cette petite vieille qui essaie de rassembler ses poules au milieu des gloussements.

L'audacieux petit « chef de train » aurait affirmé : « Mon train n'a jamais déraillé et je n'ai jamais perdu un passager. »

À la déclaration de la guerre de Sécession en 1861, Harriet retourne aux États-Unis et s'engage dans l'armée unioniste en tant qu'éclaireuse et espionne. Elle fait également office d'infirmière. Après la guerre, elle vivra aux États-Unis jusqu'à sa mort en 1913.

« *L'esclave libre* » (*The Free Slave*)

Le chant suivant a été composé par un abolitionniste américain, George W. Clarke. Il se transmettait oralement parmi les esclaves en fuite. Différentes versions et couplets se multiplièrent.

J'm'en vais au Canada,
Terre froide et lointaine.
Les misères de l'esclavage,
J'peux plus endurer.

Adieu mon ancien maître,
N'cours pas après moi.
J'm'en vais au Canada
Où les hommes noirs sont libres.

Chemin de fer mythique

Durant les années 1800, nombreux sont ceux qui entendent parler du chemin de fer clandestin et qui l'imaginent comme un train mythique, surnaturel, vrombissant dans de sombres tunnels souterrains, loin sous la surface du sol, crachant flammes et fumée en transportant des fugitifs du Sud vers la liberté du Canada.

Le terme *Underground Railroad* (chemin de fer souterrain, devenu en français « clandestin ») aurait été inventé au début des années 1840 par un planteur qui n'en revenait pas de la rapidité avec laquelle les esclaves en fuite disparaissaient mystérieusement lorsqu'il les poursuivait. Il finit par baisser les bras et par abandonner la chasse en déclarant : « Il doit y avoir un chemin de fer souterrain dans les environs. »

Lune de miel inattendue

James Mink, né dans le Haut-Canada, est l'aîné de 11 enfants. En 1800, ses parents étaient des esclaves d'un loyaliste de Kingston. James est devenu un homme d'affaires libre et florissant. Avec sa diligence, il transporte le courrier, des gens et parfois des prisonniers entre Kingston et Toronto. Il possède également des étables à Toronto.

Il souhaite trouver un bon parti pour sa fille Minnie. Il offre donc 10 000 $ à qui fera un « mari blanc respectable ». James Andrews, originaire du Yorkshire en Angleterre, attiré par la récompense, fait une demande en mariage à Minnie. Après la noce, les jeunes mariés partent en lune de miel aux États-Unis où le nouveau mari de Minnie la vend immédiatement comme esclave. Plusieurs mois plus tard, son père apprend le sort de Minnie et va la sauver.

Les Codes noirs

Certains États adoptent des lois sur la capture des esclaves en fuite, comme les *Codes noirs* de l'Ohio de 1804 et 1807. Même les Noirs affranchis doivent se procurer un certificat de liberté, appelé *freedoms* (libertés) pour occuper un emploi. Une entreprise qui embauche des Noirs sans certificat peut se voir imposer une amende. Un Noir affranchi qui arrive dans l'État doit disposer d'une caution de 500 $ et prouver dans les 20 jours qu'il dispose d'un revenu suffisant ou qu'il a suffisamment d'argent pour vivre. Les Noirs affranchis ne jouissent pas de tous les droits. L'imposition d'une amende de 100 $ décourage quiconque de cacher ou d'aider des esclaves en fuite ou des Noirs affranchis qui ne sont pas en règle.

Gare aux cannibales canadiens!

À mesure que la nouvelle se répand dans les États du Sud d'une « terre promise » où les esclaves peuvent trouver la liberté, loin au Nord, les planteurs inquiets inventent des histoires à dormir debout. Ils disent aux esclaves que le Canada est « un pays sauvage où ne poussent que des haricots à œil noir » et que « la rivière Détroit qui permet de passer au Canada est d'une largeur de 3 000 milles ». Les Canadiens sont décrits comme des cannibales : « Ils vous font venir là-bas, vous engraissent et puis vous font bouillir. »

Manumission

Certains propriétaires d'esclaves affranchissent dans leur testament les esclaves qui se sont montrés très loyaux envers eux ou bien qui sont trop vieux pour être vendus. C'est l'« affranchissement » ou la « manumission ». Par exemple, Harriet Tubman découvrira que sa mère avait été affranchie, mais comme personne ne le lui avait dit, celle-ci était demeurée en esclavage.

Construis une cabane

À leur arrivée au Canada, les colons noirs devaient défricher le terrain pour se construire une cabane. Suis ces directives attentivement pour fabriquer ta propre cabane.

Ce qu'il te faut :

- ciseaux
- colle blanche
- crayons de cire ou de couleur
- outil à rainurer (comme la pointe d'un compas)

Ce qu'il faut faire :

1. Photocopie les pages 40 et 41. Colore chaque pièce.

2. Découpe les deux sections du mur. Pratique une légère rainure le long des rabats et replie-les vers l'intérieur. Applique une légère couche de colle sur les rabats.

3. Découpe le toit. Pratique une légère rainure le long de la ligne centrale puis colle-le aux rabats des murs de la cabane.

4. Découpe et assemble la cheminée. Colle-la au mur du côté du toit qui a une fente pour l'emboîter.

5. Découpe les personnages, et fixe-les à leur base.

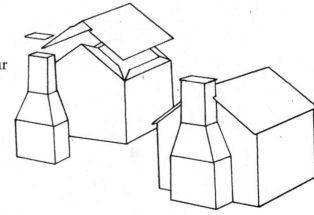

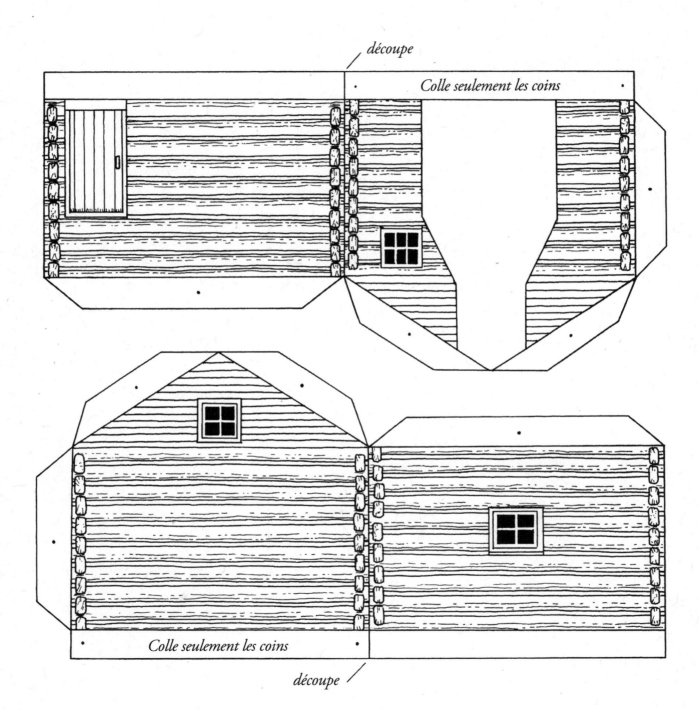

découpe

Colle seulement les coins

Colle seulement les coins

découpe

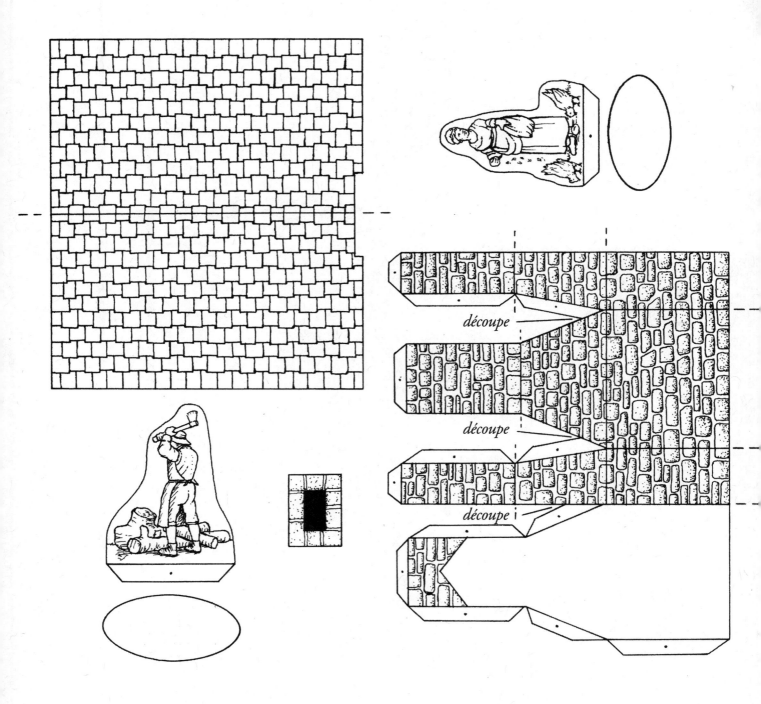

découpe

découpe

découpe

CHAPITRE 4 *Les premiers colons*

Mary Ann Shadd, Mifflin Gibbs, John Ware et les autres

Dès leur arrivée, les Noirs fondent de nouvelles colonies dans de nombreuses régions du Canada tel que nous le connaissons aujourd'hui.

Avant la guerre de Sécession, plus de 40 000 Noirs avaient cherché refuge au Canada, fuyant les lois sur les esclaves fugitifs. Après la guerre et l'abolition de l'esclavage en 1865, plus de la moitié des colons noirs retournent aux États-Unis. Seulement 15 000 d'entre eux resteront au Canada.

Henry Bibb

Henry Bibb est né au Kentucky en 1815. Sa mère était une esclave noire et son père un Blanc. À un très jeune âge, Henry est déjà déterminé à fuir ce qu'il appelle « le fouet et les chaînes de l'esclavage ». Il y met tant de zèle que le jeune rebelle s'enfuit de chez six différents maîtres. Ses propriétaires le revendaient souvent. En 1839, Henry vole un cheval de son maître et se comporte audacieusement comme un Noir libre en fuyant vers Détroit, plus au nord.

Henry se dévoue à aider les esclaves fugitifs du Canada à trouver un abri, une école et la sécurité. En 1851, il devient rédacteur en chef d'un journal, *The Voice of the Fugitive*, à Windsor au Canada-Ouest. Il met également sur pied la *Refugee Home Society* en vue de créer des communautés noires. Les abolitionnistes blancs l'aident financièrement. Henry et son épouse Mary en assument la responsabilité. Cette société prospère, produit des récoltes, emploie des ouvriers et instruit des centaines d'enfants. Des familles s'établiront sur plus de 100 lots. Henry Bibb meurt en 1854. En 1865, la société est démembrée et ses membres se dispersent.

Mary Ann Shadd

Mary Ann Shadd est l'aînée de 13 enfants. Elle vient au Canada avec son frère Isaac pour fuir les lois sur les esclaves fugitifs. Par la suite, ses parents les rejoignent avec les autres enfants. Une fois, Mary Ann aperçoit des chasseurs d'esclaves américains qui se sont emparés d'un garçon noir à Chatham. Elle libère le garçon de ses ravisseurs, court au palais de justice et sonne énergiquement la cloche de façon à alerter toute la ville. Les chasseurs de têtes s'éclipsent rapidement.

Au début, Mary Ann s'entend bien avec Henry Bibb, mais lorsqu'elle fonde un journal plus radical à Windsor, *The Provincial Freeman*, pour concurrencer celui de Bibb, *The Voice of the Fugitive*, cette bonne entente fait place à la rivalité. En ce temps-là, les journaux n'emploient pas de femmes. Mary signe ses articles ainsi que ses travaux d'édition et de publication du nom de « M.A. Shadd » *. *The Provincial Freeman* déménage à Toronto, puis à Chatham en juin 1855. Ce n'est que plus tard qu'elle révélera être une femme. Mary Ann est la première femme noire d'Amérique du Nord à devenir rédactrice en chef d'un journal.

Les deux journaux sont au service des communautés noires, mais Mary Ann confronte et critique Henry Bibb, qui riposte. Mary Ann écrit : « Bibb est malhonnête. » Bibb traite Mary de descendante « du serpent qui a tenté notre mère Ève ». Mary Ann croit en l'intégration des Noirs à la société des Blancs. La devise du *Provincial Freeman* est : « L'autosuffisance est la véritable voie de l'autonomie. » Bibb fait la promotion de communautés, écoles et paroisses noires séparées, soutenues financièrement par les abolitionnistes.

En 1859, Abraham D. Shadd, le père de Mary Ann Shadd, devient le premier Noir à se faire élire à une fonction officielle au Canada-Ouest en siégeant au conseil de ville de Raleigh.

Durant la guerre de Sécession, Mary Ann retourne aux États-Unis participer à la lutte contre l'esclavage. Elle devient recruteuse pour l'armée unioniste, puis directrice d'école et enfin avocate à Washington, D.C. Mary Ann Shadd est décédée en 1893.

* Un ami, Samuel Ringgold Ward, en était le fondateur officiel. Mary Ann devait se contenter d'être une partenaire silencieuse, car elle était une femme.

Premières colonies du Haut-Canada

Les loyalistes des années 1780, les nouveaux colons après la guerre de 1812, et les réfugiés du train clandestin de la seconde moitié du 19ᵉ siècle ont amené un grand nombre de familles noires dans des agglomérations comme Windsor, Chatham et St. Catharines.

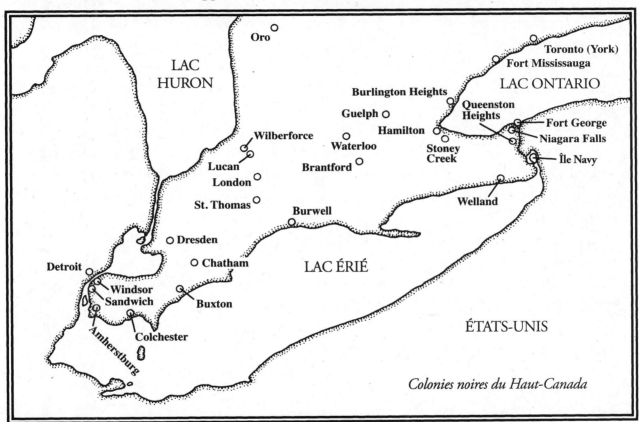

Colonies noires du Haut-Canada

Colonies éphémères

Après la guerre de 1812, de nombreuses collectivités noires sont créées dans le Haut-Canada, mais la plupart échouent. Sir Peregrine Maitland, premier lieutenant-gouverneur de la province, fonde la colonie d'Oro près de Penetanguishene. En 1840, le village d'Edgar est une communauté noire. En 1848, Oro compte 100 habitants. Il n'en restera plus aucun en 1900.

Les hommes d'affaires noirs de Cincinnati, en Ohio, commencent à craindre le nouveau *Code noir* de 1807. Ils achètent des terres à Lucan, dans le Haut-Canada et font la promotion de la colonie de Wilberforce. En 1832, la colonie compte 32 familles, mais des problèmes de direction et de corruption financière découragent les efforts sincères de leurs protecteurs religieux. En 1856, le projet est abandonné.

Le célèbre esclave réfugié Josiah Henson, avec l'aide de missionnaires et de généreux quakers des États-Unis, fonde la colonie Dawn où se trouve l'école *British American Institute*. Les étudiants peuvent y pensionner gratuitement et suivre des cours élémentaires d'apprentissage spécialisé et industriel, ou des cours de travaux manuels. On y construit une scierie en 1844 et un moulin à blé en 1848. Avec 70 étudiants, l'école prospère, mais des problèmes financiers, des batailles juridiques et un changement de direction mèneront la colonie à sa perte. Le terrain et les avoirs de la colonie sont vendus en 1872.

En 1845, l'Église épiscopale méthodiste africaine fonde une colonie noire dans le canton de Sandwich près de Windsor. On l'appelle la *Coloured Industrial Society*. Ayant échoué dans ses ambitions, elle s'éteint en 1855. Les efforts d'Henry Bibb pour créer la *Refugee Home Society* en 1851 connaissent le même sort.

Défilés du Jour de l'émancipation

À minuit le 31 juillet 1834, la Grande-Bretagne met officiellement fin à l'esclavage. Les Noirs du Canada font du 1er août le Jour de l'émancipation. Les collectivités noires le célèbrent chaque année par un défilé agrémenté de costumes colorés et de festivités, lesquelles comprennent des banquets, des allocutions, un tir de canons, des danses, des activités sportives et de la musique.

La colonie d'Elgin

Ironiquement, c'est un Irlandais, le révérend William King, qui fonde avec succès l'unique collectivité noire autonome du Canada-Ouest.

King est né en Irlande en 1812 et a fait ses études en Écosse. En 1834, sa famille déménage en Ohio, puis il devient instituteur en Louisiane. Il épouse Mary Phares, la fille d'un planteur. La famille déménage ultérieurement en Écosse où en deux ans décèdent son épouse, sa fille et son fils. King devient ministre du culte et vient s'établir au Canada.

En fondant une colonie pour venir en aide aux esclaves en fuite, il s'aperçoit qu'il est lui-même propriétaire d'esclaves! En mourant, son beau-père lui a laissé 14 esclaves en héritage. King se rend en Louisiane, règle les affaires testamentaires et repart vers le nord avec ses esclaves. En route, il sauve un autre enfant noir. Il annonce aux 15 esclaves qu'ils sont maintenant libres, et leur offre le choix de venir avec lui dans sa nouvelle colonie au Canada. Ils choisissent tous de le suivre.

King retourne au Canada-Ouest et réussit à convaincre sa paroisse d'acheter un terrain près de Chatham. Il souhaite procurer des terres gratuites aux réfugiés noirs et leur enseigner à devenir des fermiers autosuffisants, mais il doit faire face à une forte opposition. Un puissant politicien, Edwin Larwill, met King au défi de participer à un débat public à Chatham. Le shérif avertit King qu'il met sa vie en danger en y participant. Plus de 300 personnes méfiantes envers la communauté noire se rassemblent et chahutent dès que King prend la parole.

King devient si impopulaire à Chatham qu'après une réunion à l'église qui se termine tard, une troupe silencieuse de 12 Noirs armés doit l'escorter à son hôtel. Larwill tente d'empêcher les Noirs de fréquenter l'école publique et de voter. Il suggère de réclamer un cautionnement, inspiré des *Codes noirs* aux États-Unis. King est plus déterminé que jamais et, le 28 novembre 1849, il fonde la colonie d'Elgin dont les premiers résidants sont les 15 esclaves qu'il a libérés.

L'église d'Amherstburg

École de la mission Buxton

En 1850, l'association Elgin voit le jour, composée de 24 membres qui administrent la colonie. L'Église presbytérienne fonde également la mission Buxton pour offrir une église et une école aux réfugiés. King participe lui-même à leur financement. Elles furent construites au cœur de la colonie d'Elgin, où s'ajoutera rapidement une scierie, un moulin à blé, une briqueterie, un magasin et une manufacture de carbonate de potasse résiduaire.

L'enseignement à l'école de la mission Buxton est d'une qualité supérieure et sa réputation ne tarde pas à lui attirer des élèves de l'extérieur. En 1854, la moitié des étudiants sont blancs. Les gens de Chatham sont témoins de ce que leurs nouveaux voisins sont capables d'accomplir. Les préjugés issus de peurs injustifiées disparaissent. La colonie d'Elgin composée de Noirs connaît le succès en raison du labeur et du bon caractère de ses citoyens.

Colonie du Bas-Canada

De nos jours, les seules traces d'une colonie noire au Bas-Canada sont les ruines d'une chapelle en pierre construite en 1831. Dans les années 1790, se guidant sur l'étoile du Nord, des Noirs ont suivi le lac Champlain et les rivières navigables pour fonder une communauté d'ouvriers et de commerçants à Moore's Corner*. Leurs tombes au cimetière local ont depuis été rasées au bulldozer.

Premières colonies de la Colombie-Britannique

Durant les années 1850, la Californie adopte sa propre version de la *Fugitive Slave Act*. Les Noirs ne peuvent pas témoigner contre un Blanc au tribunal. Si un chasseur d'esclaves accuse un Noir de s'être enfui, ce dernier ne peut pas se défendre lui-même. Leurs enfants ne peuvent pas fréquenter les écoles de l'État et les Noirs doivent s'inscrire pour pouvoir travailler. Le corps législatif de l'État de Californie les prive de leurs droits civils.

Les Noirs de Californie sont libres, instruits et non des réfugiés illettrés. Certains sont de riches propriétaires ou des hommes d'affaires. D'autres sont enseignants, barbiers, boulangers ou tailleurs. Lorsque le gouverneur de Victoria en Colombie-Britannique les assure, en 1858, qu'ils seront acceptés et traités équitablement, environ 800 Noirs quittent la Californie pour se rendre à Victoria. Ils s'établissent sur la côte continentale de la Colombie-Britannique ou sur l'île Saltspring.

Ils arrivent au bon moment : on vient de faire la découverte de mines d'or! Des milliers de nouveaux immigrants avides de faire fortune affluent dans la province. Celle-ci est en plein essor alors qu'ils achètent des terres, bâtissent des maisons et ouvrent des magasins. De nombreux Noirs deviendront agents de police à Victoria et formeront en 1860 la première unité de milice de Colombie-Britannique, la *Victoria Pioneer Rifle Company*, communément appelée les *African Rifles* (les fusiliers africains). Ils constituent la seule protection de la colonie contre la menace d'expansion ou d'invasion américaine, très probable à l'époque puisque la plupart des chercheurs d'or viennent de la Californie.

* Aujourd'hui Saint-Armand au Québec.

Mifflin Gibbs

Mifflin Wistar Gibbs est arrivé à Victoria en 1858 et y a lancé de nombreuses entreprises. En Californie, il possédait des magasins de vêtements et de chaussures. En Colombie-Britannique, il a vendu des aliments et des outils aux chercheurs d'or et s'est vite enrichi. En 1866, il est élu au conseil de ville de Victoria et s'occupe des finances de la ville. En 1871, il encourage la Colombie-Britannique à se joindre au Canada. Mifflin Gibbs retourne aux États-Unis où il deviendra juge et sera plus tard envoyé en Afrique à titre de représentant officiel de l'Amérique à Madagascar.

Cowboy John Ware

En 1882, un puissant cowboy texan à la carrure imposante déménage dans les Prairies, dans ce qui sera plus tard la province d'Alberta. John Ware est né esclave, mais a été affranchi après l'abolition de l'esclavage en 1865. Même si de nombreux Noirs retournent aux États-Unis à l'époque, il fait l'inverse et vient s'établir au Canada.

John Ware est un tireur expérimenté et il est capable de dompter les chevaux sauvages. Il peut attraper le bétail au lasso et abattre de puissants taureaux au sol. Figurant parmi les pionniers des rodéos de l'Ouest, il gagne souvent des prix en argent pour ses exploits au lasso et à dos de cheval. Quelques années après avoir conduit un troupeau de longues cornes dans l'Ouest canadien, il épouse Mildred Lewis et élève cinq enfants. John Ware mourra en cowboy en 1905 : son cheval au galop trébuche dans un trou de prairie. L'homme et sa monture s'effondrent et le cheval atterrit sur John et le tue.

Le périple noir

Lorsque l'Oklahoma devient un État en 1907, il adopte de nombreuses lois préjudiciables aux Noirs. Beaucoup entreprennent alors le « périple noir ». Environ 1 000 fermiers et éleveurs migrent vers l'Alberta, la Saskatchewan et le Manitoba. D'autres s'établissent dans les villes. En 1911, il y a environ 150 Noirs à Winnipeg, 150 à

Vancouver et 300 à Edmonton. Mattie Mayes, une ancienne esclave de Géorgie, arrive en Saskatchewan en 1910 avec son mari pour s'établir près de North Battleford. Joe Mayes sera le premier pasteur de sa congrégation.

Malheureusement, la discrimination se propage également au Canada. En 1911, les bureaucrates canadiens, craintifs, s'alarment en apprenant qu'un plus grand nombre de Noirs se préparent à quitter l'Oklahoma pour le Nord. La loi canadienne interdit à quiconque d'empêcher les immigrants d'entrer au pays pour des raisons raciales. Les fonctionnaires ordonnent donc en secret de les refuser pour des raisons médicales.

Le journal qui marche

John « Daddy » Hall est né à Amherstburg, dans le Haut-Canada, vers 1807. Ses parents d'origine noire et autochtone ont eu 11 enfants. Très jeune, il est témoin d'une incursion de chasseurs de prime dans sa collectivité, et ceux-ci le kidnappent avec sa mère et ses frères et sœurs. Ils sont entraînés dans le Kentucky et vendus à différentes plantations.

John grandit et tombe amoureux d'une jeune esclave. Le couple planifie sa fuite. Après une dangereuse escapade, ayant évité les chasseurs d'esclaves et subsisté dans des lieux inhospitaliers, ils finissent par arriver à Toronto.

Après le décès de son épouse, John se remarie quatre fois. Sa cinquième épouse est originaire d'Angleterre. Il aura 10 enfants en tout. En 1843, John devient le premier résident noir de Sydenham, près d'Owen Sound. En 1851, il est veilleur de nuit et crieur du village. Il arpente les rues en faisant tinter sa cloche et en criant les annonces publiques. Après 50 ans à titre de crieur du village, John est connu comme le « journal qui marche » d'Owen Sound. À sa mort en 1925, on dira que le vieil homme légendaire s'est éteint à l'âge de 118 ans.

Passager clandestin

Dans une tentative désespérée de trouver la liberté, Charles Mitchell, un jeune esclave, se cache sur un navire américain en partance pour le Canada. Une fois en mer, sur l'océan Pacifique, il est découvert et amené au capitaine qui l'enferme avec l'intention de ramener le garçon terrorisé à son maître.

En septembre 1860, le navire arrive à Victoria, en Colombie-Britannique, où des Noirs entendent parler du jeune captif. Un shérif, attentif à leur demande, monte à bord du navire et, ignorant les récriminations du capitaine, libère le garçon. Affranchi par un juge, Charles peut fréquenter l'école de son nouveau chez soi à Victoria.

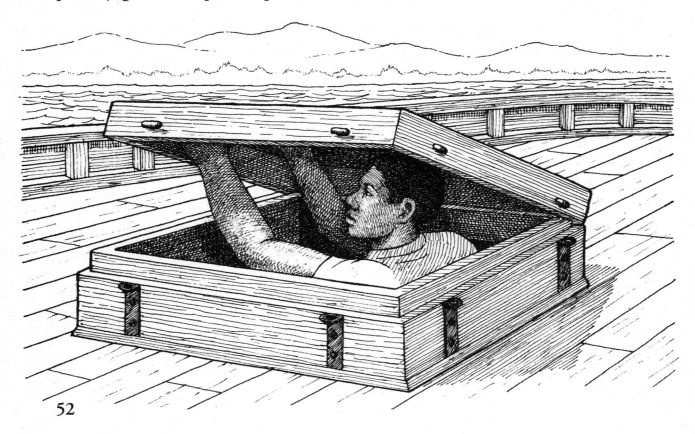

Doc Butler

Peter Bowzer est né esclave au Maryland en 1797, mais s'enfuit et devient marin. Pour cacher son passé, il opte pour le nom de Butler.

De retour de ses aventures en mer, il se marie avec une Autochtone, Salome Squawker, et fonde une famille. En 1829, il part pour le Haut-Canada et rejoint la colonie Wilberforce où le couple cultive la terre et élève sept enfants. Peter devient trésorier de la colonie en 1836, et le « médecin » de Wilberforce. Ses fameuses herbes médicinales guérissent de nombreux Blancs et Noirs. Peter a également la bosse des affaires et achète tous les terrains aux alentours du village de Lucan jusqu'à ce que sa propriété vaille une fortune.

Peter, troisième du nom

Le petit-fils de Doc Butler s'appelle Peter comme son père et son grand-père. Il est né à Lucan en 1859 et deviendra son imposant et célèbre agent de police noir. Après avoir assumé la fonction de policier du comté de Middlesex, en 1883, il deviendra 30 ans plus tard, en 1913, membre du service de police provincial de l'Ontario.

Le policier est très bon tireur et possède plus de 38 fusils confisqués à des criminels, y compris au fameux clan irlandais de Lucan connu sous le nom de « Black Donnellys ». En revanche, il est rarement armé. Il patrouille dans les rues en trimballant un gros bâton, faisant appliquer la loi par la force de ses poings. Blancs et Noirs, voleurs de bétail et honnêtes gens le respectent et le craignent. Mais c'est un homme compréhensif qui traite bien ses prisonniers en leur offrant une caisse de bières le samedi soir. Il offre également de la nourriture aux vagabonds et la possibilité de travailler à sa ferme moyennant salaire.

5 *Les soldats*

Richard Pierpoint, U.E., William Hall, V.C. et les autres

Les Noirs ont combattu bravement et courageusement pour notre pays tout au long de l'histoire du Canada.

Les soldats loyalistes noirs figurent parmi les premiers à s'établir au Canada en 1776. En 1812, les Américains déclarent la guerre à la Grande-Bretagne et envahissent le Canada. Déterminés à protéger leurs nouveaux foyers, les loyalistes noirs n'ont pas hésité à prendre les armes, impatients de se lancer à la défense du Canada et de leur propre liberté.

Richard Pierpoint, U.E.

Richard Pierpoint est né à Bondou, en Afrique. Il est kidnappé par un marchand d'esclaves à l'âge de 16 ans. Il survit à la longue et cruelle traversée de l'océan Atlantique, tassé avec les autres dans la cale obscure du navire négrier. Rendu en Amérique, il est vendu en 1760 à un officier de l'armée britannique. Ses loyaux services envers la Grande-Bretagne au sein des *Butler's Rangers* au cours de la Révolution américaine lui valent la liberté et le titre de Loyalistes de l'Empire-Uni*. Il sera l'un des 10 loyalistes noirs arrivés dans le Haut-Canada en 1780.

En 1812, des Noirs combattent dans un bon nombre de régiments du Haut-Canada, mais Richard Pierpoint crée la première compagnie entièrement composée de soldats noirs, la *Robert Runchey's Company of Coloured Men*. C'est le commandant blanc Robert Runchey qui en a officiellement la responsabilité, mais c'est Pierpoint qui en a eu l'idée et c'est lui qui inspire et commande les hommes. Ces derniers

---

* Les Loyalistes de l'Empire-Uni et tous leurs descendants de nos jours ont reçu l'honneur et le privilège de pouvoir faire suivre leur nom des lettres « U.E. »

contribueront à la victoire lors de la bataille de Queenston Heights et participeront à d'autres batailles et affrontements durant la guerre.

À la fin de sa vie, Pierpoint demande au gouvernement britannique de payer son retour en Afrique, mais il acceptera à la place l'octroi d'une terre près de Fergus, en Ontario, lieu de sa mort et de son inhumation en 1837. Aujourd'hui, une plaque installée à St. Catharines, en Ontario, honore la mémoire et les services que ce soldat a rendus au Canada.

Les Jamaican Maroons

Les Jamaican Maroons arrivent à Halifax en juillet 1796. Ce sont 600 solides résistants militaires, respectés et craints, descendants d'esclaves originaires d'Afrique qui ont fui leurs maîtres en 1655, pris les armes et vécu dans les collines et les montagnes de la Jamaïque pendant plus de 100 ans, résistant aux tentatives pour les capturer.

Arrivés au Canada en hommes libres, ils travaillent à la construction de la citadelle d'Halifax. En échange, ils sont nourris, logés et vêtus. Ils forment une unité de milice autonome, leurs meneurs comme officiers. Leur expérience au combat donne aux citoyens un sentiment de sécurité. Mais les autorités, inquiètes, les surveillent de près en raison de leur réputation de violents guérilléros. Ils terminent la construction de la citadelle, mais comme ils n'aiment pas le climat canadien, rude et froid, ils demandent leur transfert sous des cieux plus cléments. En août 1800, 550 d'entre eux partent pour la Sierra Leone en Afrique.

La rébellion de Mackenzie

Lorsque William Lyon Mackenzie tente de renverser le gouvernement du Haut-Canada en 1837, il échoue en raison de la loyauté de la plupart des citoyens, mais aucun groupe ne sera plus loyal et déterminé contre ces rebelles que les citoyens noirs. Ils considèrent la démocratie à l'américaine de Mackenzie et l'appui de ses amis aux États-Unis comme une menace à la liberté, car l'esclavage existe encore dans ce pays.

Les Jamaican Maroons occupés à la construction de la citadelle d'Halifax

En décembre 1837, le capitaine James Sears forme une compagnie de 50 Noirs pour combattre les rebelles, et Hugh Eccles commande une autre unité noire à Niagara. À Windsor, Josiah Henson commande une autre compagnie de volontaires noirs, lesquels ont fait partie de la milice d'Essex qui a capturé la goélette rebelle *Anne* ainsi que son équipage. L'unité de Henson défend le fort Malden avec une autre compagnie de 123 volontaires noirs connus sous le nom de « *Captain Caldwell's Coloured Corps* ». Les Noirs d'Hamilton forment une compagnie commandée par le capitaine Allan. Deux compagnies de miliciens noirs venaient de Chatham. Tous défendront bravement le Canada contre les rebelles.

William Hall, V.C.

La reine Victoria a régné sur la Grande-Bretagne de 1837 à 1901. Elle crée une médaille militaire spéciale, la Croix de Victoria (V.C.), accordée seulement aux membres des forces armées de l'Empire britannique auteurs de prouesses audacieuses au front. La première de ces médailles sera décernée en 1857. Depuis lors, elle n'a été remise qu'à 1 355 personnes, dont 94 Canadiens.

En 1859, le premier marin canadien et le premier Noir à recevoir cet honneur est William Hall. Il est le fils d'un esclave qui a fui la Virginie pour trouver la liberté en Nouvelle-Écosse en 1814. William Hall est né en 1827. À l'âge de 12 ans, il part en mer avec l'intention de devenir marin.

En 1852, il commence une brillante carrière dans la Marine royale et sert sur le célèbre vaisseau amiral de lord Nelson, le *Victory*. Durant la guerre de Crimée en 1853, il est décoré à la bataille d'Inkerman et au siège de Sébastopol. Il sert sur la frégate *Shannon*, qu'on envoie à Calcutta mâter la mutinerie indienne de 1857. Le capitaine ordonne à William et à 409 autres marins de se rendre par voie terrestre jusqu'à Lucknow, en Inde, où le commandant britannique joue sa vie contre une armée de mutins.

Le commandant demande des volontaires pour se joindre à un peloton chargé d'abattre les murs du temple fortifié de Shah Nejeef. Il doit s'agir de volontaires, car la tentative est considérée comme une mission suicide. Tous les hommes du peloton perdront la vie, sauf Hall et son lieutenant gravement blessé. Néanmoins, William continue de charger et de tirer, malgré les balles qui le frôlent, jusqu'à ce qu'il parvienne à percer le mur. C'est ce qui permet aux soldats britanniques de s'emparer de la forteresse. Able Seaman William Hall sera récompensé de sa bravoure par la Croix de Victoria.

William se retire de la Marine royale au bout de 23 ans de service et retourne en Nouvelle-Écosse. Il mourra en 1904 et la Légion royale canadienne érigera un monument en son honneur en 1947.

John Brown à Harper's Ferry

Le célèbre abolitionniste américain John Brown, un Blanc à la barbe très longue, est un anti-esclavagiste fanatique qui prétend avoir été appelé par Dieu pour libérer les esclaves. Avec ses partisans enthousiastes, il frappe sans prévenir, attaque les plantations et sauve les esclaves, lesquels se rallient souvent à sa cause.

Le 16 octobre 1859, Brown dirige une attaque audacieuse contre l'arsenal américain d'Harper's Ferry dans l'Ouest de la Virginie (aujourd'hui Virginie-Occidentale). Pour l'opération, 21 hommes se joignent à Brown. Ce dernier sera capturé avec cinq

John Brown

de ses compagnons, puis pendu pour trahison. Dix autres hommes perdent la vie durant l'expédition et six s'enfuient. Brown deviendra le héros et le martyr de la cause des Noirs en quête de liberté. Un an plus tard, c'est la guerre de Sécession. En marchant vers le Sud pour libérer les esclaves, les soldats de l'Union scandent : « Le corps de John Brown gît dans la tombe [mais] son âme est en marche. »

En 1858, Brown était arrivé au Canada-Ouest en compagnie de 13 partisans dévoués pour planifier l'attaque d'Harper's Ferry et s'entraîner. Chatham, le dernier arrêt pour de nombreux Noirs ayant emprunté le « chemin de fer clandestin » vers la liberté, compte une solide communauté noire. Un grand nombre de meneurs noirs de Chatham se rallient à la cause de Brown et l'appuient. D'autres craignent ses idées révolutionnaires.

Lors d'une réunion à Chatham, Brown et ses partisans adoptent *The Provisional Constitution and Ordinances for the People of the*

United States (*La constitution provisoire et les ordonnances pour le peuple des États-Unis*). La famille Shadd laisse Brown utiliser les locaux et les presses de son journal. De nombreux Noirs du Canada se préparent à partir aux États-Unis pour se joindre à sa révolution. Un de ces Canadiens, Osborne Perry Anderson, est élu membre du parlement du gouvernement provisoire de Brown et participe à l'attaque d'Harper's Ferry. Il survivra au désastre et, avec Mary Ann Shadd, rédigera un livre intitulé *A Voice From Harper's Ferry* (*Une voix d'Harper's Ferry*).

Guerre de Sécession, 1861 à 1865

À la déclaration de la guerre de Sécession, de nombreux réfugiés noirs qui se trouvent au Canada retourneront aux États-Unis se battre contre le Sud. Les causes de cette guerre sont multiples, mais le principal objectif des Noirs est de mettre fin à l'esclavage.

Osborne Anderson

Avant la guerre de Sécession, 40 000 avaient fui au Canada, mais certains des colons noirs du Canada les plus en vue, comme Harriet Tubman, Mifflin Gibbs et Mary Ann Shadd retournent aux États-Unis après l'abolition de l'esclavage.

Martin Delany, le premier homme noir diplômé de l'université Harvard aux États-Unis, arrive à Chatham en 1856 comme médecin. Il soutient avec vigueur la communauté noire de Chatham et devient un organisateur politique. Il rédige des éditoriaux dans le journal de Mary Ann Shadd, *The Provincial Freeman*. À l'arrivée de John Brown dans le village, Delany se rallie à sa cause.

Durant la guerre de Sécession, le Dr Delany rencontre le président Abraham Lincoln et l'impressionne tellement qu'il est nommé major dans l'Armée de l'Union, le rang le plus élevé jamais conféré à un homme de couleur. Il crée le *104th Regiment of Colored Troops* et encourage les Canadiens noirs à s'y joindre. Quarante Noirs de la colonie d'Elgin s'enrôlent. Abraham W. Shadd, un jeune frère de Mary Ann Shadd, s'est déjà enrôlé dans le *55th Massachusetts*, mais Delany lui offre le grade de capitaine dans son nouveau régiment.

Autres guerres

Depuis la Confédération de 1867, les Canadiens de couleur ont fait partie de notre fière tradition militaire dans toutes les guerres, de même que dans les conflits auxquels les troupes canadiennes ont pris part, y compris la Grande Guerre et la Deuxième Guerre mondiale, ainsi qu'en Corée, en Bosnie, en Iraq et en Afghanistan. Les soldats canadiens ont également servi dans les forces des Nations Unies pour le maintien de la paix. Un bon nombre y ont laissé leur vie, y compris le caporal Ainsworth Dyer, un des quatre soldats canadiens tués par le « tir ami » d'un pilote américain en Afghanistan, en 2002.

Combattants noirs

La *Company of Coloured Men* de Robert Runchey n'est pas la seule unité noire à Queenston Heights. Joseph Brant, qui a installé sa nation de Mohawk loyalistes sur la réserve Grand River après la révolution américaine, est lui-même propriétaire de 30 à 40 esclaves noirs, mais cela ne l'empêche pas, durant les années 1790, de permettre à des douzaines de réfugiés noirs libres d'y trouver refuge, de vivre avec les Mohawks sur leur réserve et d'y prendre épouse. À 18 ans, le fils de Joseph, John Brant, arrive à la bataille de Queenston Heights à la tête de 140 guerriers autochtones et d'environ 50 combattants noirs de la réserve. Il contribue ainsi à la victoire sur l'armée des envahisseurs américains.

Prophète blanc

Un abolitionniste blanc canadien, Stewart Taylor, se joint également à l'expédition de John Brown à Harper's Ferry. Il parle aux autres d'un étrange pressentiment, d'une prémonition surnaturelle qu'il aurait eue ou d'un rêve l'informant qu'il mourrait durant l'attaque. Il figurera parmi les 10 victimes.

Le secret militaire canadien le mieux gardé

Un livre de Calvin Rusk, *The Black Battalion, 1916-1920 : Canada's Best Kept Military's Secret* (*Le bataillon noir, 1916-1920 : le secret militaire du Canada le mieux gardé*), décrit le rôle joué par des Noirs canadiens durant la Grande Guerre. Ils se sont battus dans l'armée aux côtés des Canadiens blancs durant la guerre, mais le Bataillon de construction n°2 était composé de 600 soldats ouvriers noirs. Rusk prétend que des « Canadiens de toutes races ignoraient que des Noirs servaient, combattaient, versaient leur sang et mouraient » pour leur pays.

Crée une médaille de bravoure et remets-la à quelqu'un

Les soldats se voyaient décerner des médailles en reconnaissance de leur bravoure exceptionnelle au combat. Tu peux créer une médaille et la remettre à une personne qui la mérite.

Ce qu'il te faut :

- carton bristol
- 10 cm de ruban large
- 10 cm de fil de métal fin
- épingle de sûreté
- colle blanche
- ciseaux
- crayons de cire, crayons de couleur ou marqueurs

Ce qu'il faut faire :

1. Dans le carton bristol, découpe deux formes de la même taille. Ce peut être des cercles, des carrés, des hexagones, etc. Décores-en une pour créer ta médaille.

2. Fais une boucle dans un fil de métal fin de 5 ou 6 cm de longueur.

3. Mets de la colle au dos d'une des formes. Poses-y la boucle de métal de manière à ce qu'elle dépasse, tel qu'illustré, puis colle les deux formes ensemble.

4. Fais une boucle avec le ruban large en collant les deux extrémités ensemble (l'une par-dessus l'autre).

5. Découpe deux courtes bandes de carton bristol et colle-les à l'intérieur du ruban.

6. Perce un petit trou au bas du ruban pour y insérer un petit bout de fil de métal. Insère ce dernier dans la boucle de la médaille et referme-le à l'envers du ruban.

7. Fixe une épingle de sûreté à l'envers du ruban. Décerne ta médaille!

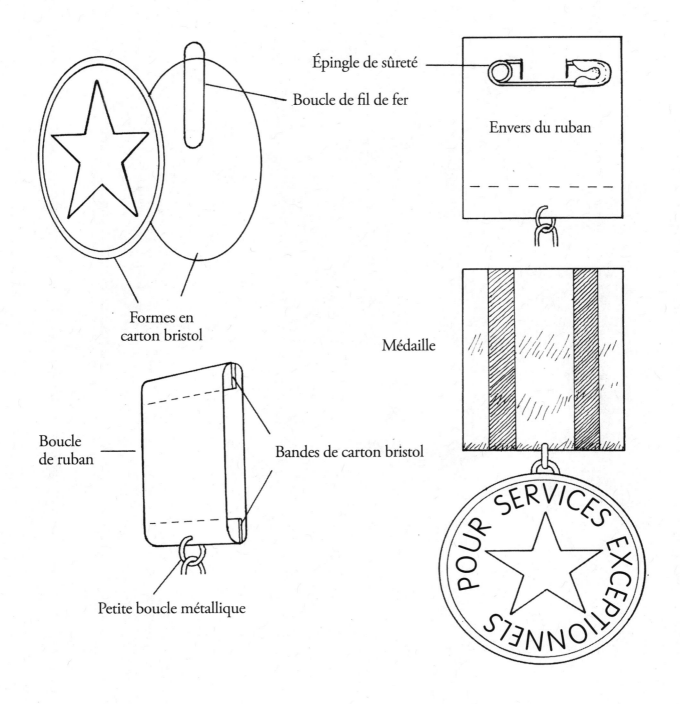

Épingle de sûreté

Boucle de fil de fer

Envers du ruban

Formes en
carton bristol

Boucle
de ruban

Bandes de carton bristol

Petite boucle métallique

Médaille

POUR SERVICES EXCEPTIONNELS

CHAPITRE 6 *Les précurseurs*

Anderson Abbott, Herb Carnegie, Elijah McCoy et les autres

Les Canadiens d'origine noire ont souvent eu à faire face aux préjugés sociaux et à des difficultés propres aux esclaves et serviteurs. Leur grande contribution à notre pays et au monde ainsi que leurs audacieux accomplissements sont impressionnants.

Par le passé, de nombreux innovateurs noirs se sont frayé un chemin de façon spectaculaire dans toutes les professions et dans tous les aspects de la vie au Canada. De nos jours, des citoyens noirs continuent d'y contribuer de façons innovatrices et originales.

Hommes d'affaires noirs

Wilson Ruffin Abbott est né libre en Virginie en 1801. À l'âge de 15 ans, il fait une fugue et occupe divers emplois de manœuvre dans les hôtels et sur un vapeur du Mississippi. C'est sur ce bateau qu'il rencontre une serveuse noire, Ellen Toyer, dont il tombe amoureux. Après leur mariage, ils s'installent à Mobile, en Alabama, où Wilson ouvre un magasin général.

La ville adopte subitement de nouvelles lois obligeant les Noirs libres à porter un insigne indiquant qu'ils sont cautionnés, c'est-à-dire la preuve que deux hommes blancs garantissent que Wilson est une bonne personne. Wilson ignore les nouvelles règles avilissantes, ce qui lui vaut des menaces immédiates de saccage de son magasin.

Il retire aussitôt tout son argent de la banque et envoie femme et enfants en sécurité à La Nouvelle-Orléans. Les menaces sont mises à exécution et tous ses biens sont détruits lors de l'attaque. Wilson ne peut être dédommagé. Peu importe où le couple s'installe aux États-Unis, il fait face aux préjugés. Il amènera sa famille à Toronto en 1835 où il mènera une vie prospère. En 1875, il possède plus de 75 propriétés de

Toronto à Hamilton. L'épouse de Wilson, Ellen, fonde la *Queen Victoria Benevolent Society* pour aider d'autres nouveaux réfugiés.

Premier médecin noir au Canada

Les cinq filles et les quatre fils Abbott reçoivent une bonne éducation à l'école de la mission Buxton d'Elgin. Un des fils, Anderson R. Abbott, est né à Toronto en 1837, l'année où son père s'est enrôlé dans la compagnie du capitaine Fuller pour contribuer à la défaite de la rébellion menée par Mackenzie.

Dr A.R. Abbott

Anderson obtient son diplôme de l'université de Toronto en 1857, et devient à 23 ans le premier médecin noir né au Canada. À la déclaration de la guerre de Sécession, il fera partie de l'équipe de huit chirurgiens noirs de l'Armée de l'Union, se voyant confier la responsabilité des hôpitaux de Washington. Après la guerre, il exerce à Chatham, Dundas, Oakville et Toronto. Il retourne ensuite à New York comme membre du personnel du département des commandants, puis devient médecin-chef d'un hôpital de Chicago. Avant son retour à Toronto, le médecin est si respecté aux États-Unis que la veuve du président Lincoln lui remet en personne l'écharpe portée par son époux à sa première cérémonie d'investiture.

Premier avocat noir au Canada

Delos Rogest Davis est né en 1846 dans le canton de Colchester près d'Amherstburg. C'est là qu'il enseigne pendant quatre ans. À l'âge de 25 ans, ses talents lui valent la nomination de commissaire à l'assermentation.

Delos veut être avocat, aucun Noir n'y est encore parvenu au Canada. Après avoir mené à terme le difficile cours de droit, il lui faudrait travailler dans un cabinet d'avocats existant (stage sous la supervision d'un autre avocat) avant de passer l'examen pour devenir membre du barreau.

Les préjugés sont si puissants que, malgré tous ses efforts, aucun cabinet ou avocat blanc ne veut l'accepter pour son stage. En désespoir de cause, Delos demande à l'Assemblée législative de l'Ontario d'obliger la Cour suprême de justice de modifier les règles de façon à lui permettre de payer les frais et de passer l'examen du barreau sans avoir à effectuer de stage. En 1884, sa demande est agréée et, en 1885, il devient le premier avocat noir au Canada. En 1910, Delos est nommé au conseil du roi du Canada et en devient le premier membre noir.

Un des premiers politiciens de Toronto

De nos jours, l'intersection de la rue Bloor et de l'avenue Brunswick se situe au cœur de la ville de Toronto, la plus grande ville du Canada. Durant les années 1840, il ne s'y trouvait qu'une cabane isolée dans les bois, où une famille noire, les Hubbard, avait élu domicile. Le père, un réfugié originaire de la Virginie, travaillait comme serveur dans un hôtel de Niagara Falls.

Durant les années 1860, son fils, William Hubbard, conduit une carriole-taxi pour son oncle qui possède une écurie de louage. Par une froide journée d'hiver, le jeune homme circule sur le chemin Don Mills lorsqu'il est témoin d'un accident impliquant un autre taxi. Le cheval et la voiture risquent de chuter dans la glaciale rivière Don, en contrebas. Sans hésiter, William vole au secours du passager pour l'empêcher de tomber, lui épargnant ainsi une mort probable. Il se trouve que le passager est George

Brown, rédacteur en chef du *Globe* et politicien. En fait, Brown deviendra l'un des Pères de la Confédération canadienne. Monsieur Brown est si reconnaissant envers William Hubbard qu'il en fait son conducteur privé.

William se marie, fonde une famille et ouvre une boulangerie. Il invente ses propres fours et en met en vente. À 51 ans, il est riche et prospère. Suivant les conseils de son ami George Brown qui l'encourage à faire de la politique, William se fait élire conseiller municipal de Toronto en 1894, et remportera les 13 élections suivantes. Il deviendra un important politicien de Toronto, le plus important après le maire, et s'acquittera de nombreuses et importantes tâches. Il soutiendra toute sa vie la communauté noire et son église.

Doc Shadd

Alfred Shadd, né en 1870, est le fils du plus jeune frère de Mary Ann Shadd, Garrison. Il enseigne à l'école de la mission Buxton à Chatham.

À 26 ans, sa soif d'aventure conduit Alfred dans le climat glacial des Territoires du Nord-Ouest canadien, où il enseigne à Kinistino. À son arrivée, une petite élève curieuse qui n'a jamais vu une personne noire essaie de lui essuyer le visage. Alfred lui sourit gentiment en lui expliquant que c'est la couleur permanente de sa peau.

Alfred aime le Nord et y demeurera presque toute sa vie. En 1905, la Saskatchewan devient une province et Shadd se présente à la première élection provinciale. Il perd par seulement 54 voix, mais passera tout de même à la postérité comme le premier Noir à tenter de se lancer en politique provinciale.

Même si la politique ne lui réussit guère, Alfred se taillera une réputation dans le Nord après avoir étudié la médecine à l'Université de Toronto. Devenu médecin, il est également fermier, homme d'affaires et membre de l'Église anglicane. Il est propriétaire du journal local dans lequel il rédige également des articles.

Doc Shadd est devenu une légende dans le Nord. Il se déplaçait sur de longues distances pour aller soigner ses patients, affrontant souvent de violentes tempêtes de neige. Il raconte même qu'après être allé aider une femme à accoucher chez elle à la ferme, il s'est ensuite rendu à la grange pour la naissance d'un petit veau. À sa mort survenue en 1915, la population de la Saskatchewan remplissait l'église en reconnaissance des nombreux services rendus à la province.

La vraie McCoy

De nos jours, en anglais, l'expression « la vraie McCoy » (*The Real McCoy*), désigne à travers le monde tout produit de grande qualité, authentique, original ou unique en son genre. Elle a d'abord servi à désigner les inventions d'un innovateur noir, Elijah McCoy, né à Colchester, au Canada-Ouest, le 2 mai 1844.

Ses parents sont d'anciens esclaves du Kentucky qui ont fui au Canada par le train clandestin. Le jeune Elijah aime démonter les appareils et les remonter. Il a la curiosité naturelle d'un ingénieur-mécanicien. Les Noirs ne sont pas admis dans les écoles d'ingénierie en Amérique du Nord. C'est pourquoi ses parents parviennent à épargner suffisamment d'argent pour l'envoyer étudier en Écosse à l'âge de 15 ans. Après avoir reçu son diplôme de mécanicien et d'ingénieur, le jeune homme revient en Amérique du Nord tout juste après la guerre de Sécession. Mais en raison des attitudes racistes, personne ne veut embaucher un ingénieur noir.

Elijah doit donc se contenter d'un poste d'aide-mécanicien pour le chemin de fer Michigan Central. Sa tâche consiste à alimenter la locomotive à vapeur en charbon et le train s'arrête régulièrement après quelques milles pour qu'il puisse lubrifier le moteur. Il doit aussi longer le train à pied sur toute sa longueur afin d'appliquer de l'huile sur les essieux et les mécanismes de roulement.

L'ingénieur ne tarde pas à mettre son esprit créatif et son talent en action pour trouver une solution à ce problème de surchauffe qui nécessite ces arrêts fréquents.

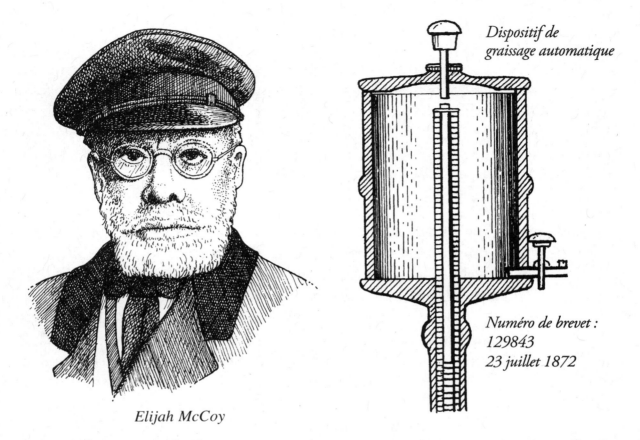

Dispositif de graissage automatique

Numéro de brevet : 129843 23 juillet 1872

Elijah McCoy

En 1872, il invente et fait breveter son godet graisseur. Celui-ci peut distribuer l'huile automatiquement, au besoin, pendant que le train poursuit sa route. Cette méthode est si rentable et rapide qu'elle est instantanément adoptée par tous les chemins de fer. Son invention sera copiée, mais de nombreux acheteurs insisteront pour se procurer « la vraie McCoy ».

Avec l'aide financière qu'Elijah obtint, il se construisit un atelier, inventa de nouveaux dispositifs mécaniques et continua d'améliorer son godet graisseur. On en trouvera diverses versions par la suite pour lubrifier les moteurs de voiture, de bateau, d'usines de fabrication, d'équipement minier, d'installations de forage pétrolier et de chantiers de construction. Il déposera au moins 58 demandes de brevet pour des inventions utilisées partout dans le monde. En 1916, il perfectionne le lubrificateur au graphite pour les nouveaux trains à surchauffeur. En 1920, il fonde l'*Elijah McCoy Manufacturing Company*.

Nous tenons maintenant pour acquises un grand nombre de ses inventions. Lorsque son épouse a exprimé le souhait de pouvoir repasser plus facilement les vêtements, il a inventé et fait breveter une planche à repasser portative. Fatigué d'arroser le gazon à la main, il a inventé le tourniquet d'arrosage.

Avec son épouse, Mary Eleanor Delany, il demeurera à Detroit, au Michigan, pendant cinquante ans, jusqu'à ce que celle-ci perde la vie dans un tragique accident de la route en 1922. Cette perte affectera la santé d'Elijah jusqu'à sa mort en 1929.

Petit chocolat

Le petit George Dixon n'avait que 16 ans lorsqu'il a terrassé son adversaire, Young Johnson, à la troisième reprise d'un combat de boxe à poings nus, chez lui à Halifax. À 17 ans, il est à Boston avec pour objectif de devenir boxeur professionnel.

En 1890, George est jumelé à un boxeur bien connu de New York, Cal McCarthy, au Washington Hall de Boston. Les deux jeunes hommes portent des gants de 57 grammes, et s'affrontent pendant 70 reprises exténuantes en quatre heures et quarante minutes. Le combat se termine par un match nul. Mais à l'issue du combat, Dixon vient de se rendre célèbre et de gagner son gentil surnom de *Little Chocolate* (Petit chocolat).

L'année suivante, en Angleterre, il envoie Nunc Wallace au tapis, devenant ainsi le champion du monde poids coq et le premier boxeur noir à remporter un championnat du monde en boxe. Il passera à la catégorie poids plume le 8 juillet 1891 et terrassera l'Australien Abe Attell après seulement cinq reprises. Ce combat fera de lui le Champion du monde poids plume. Il conservera son titre pendant six ans, puis le perdra en 1897, pour le reprendre l'année suivante et le conserver jusqu'en 1900.

George Dixon a été qualifié de « meilleur petit boxeur que la race noire ait jamais produit ». Il mourra toutefois dans une pauvreté telle que ses amis devront collecter des fonds pour son enterrement.

George Dixon

Autres précurseurs noirs

1918 : John Robinson organise le premier syndicat noir, l'*Order of Sleeping Car Porters* (Ordre des porteurs pour wagons-lits).

1932 : Ray Lewis d'Hamilton, en Ontario, porteur pour une compagnie de chemin de fer, remporte la médaille de bronze avec l'équipe de relais du quatre fois 400 mètres aux Jeux olympiques de Los Angeles.

1946 : Herb Trawick est le premier joueur de football professionnel noir au Canada.

1948 : Ruth Bailey et Gwennyth Barton deviennent les premières infirmières noires au Canada.

1951 : La révérende Addie Aylestock est la première femme noire à être ordonnée.

1954 : Violet King devient la première avocate noire.

1955 : Le lieutenant-colonel Ken Jacobs devient le premier officier d'aviation noir au Canada.

1967 : La communauté noire de Toronto crée Caribana. D'autres villes canadiennes suivent son exemple.

1987 : Pamela Appelt, une scientifique devenue artiste, est juge de la Cour de la citoyenneté canadienne, une première pour les femmes de couleur.

1991 : Julius Alexander Isaac, né à la Grenade, est nommé juge en chef de la cour fédérale du Canada.

Trio de hockey

Depuis son plus jeune âge, Herbert Carnegie rêve de jouer dans la Ligue nationale de hockey. « Si la rondelle était comestible, j'en mangerais pour déjeuner, dîner et souper. », blague-t-il. Herb est né à Toronto en 1919. Il démontre à l'adolescence un talent hors du commun. Rapide, le jeune attaquant joue pour les Saints de Sherbrooke au Québec. Au début de la vingtaine, Herb est désormais une vedette de la ligue de hockey senior du Québec. L'étape suivante de sa carrière aurait dû être la LNH.

Herb se présente avec empressement au camp d'entraînement des Rangers de New York où il impressionne tous ceux qui le voient jouer ou qui l'affrontent. Puis c'est la catastrophe, pire qu'un violent échec sur la glace : il ne peut pas jouer dans la LNH parce qu'il est noir. À l'époque, il s'agit d'une règle tacite dans la LNH.

Atterré, mais rebelle, Herb retourne jouer pour les Saints de Sherbrooke où, avec son frère Ozzie et Mannie McIntyre, ils forment le premier et unique trio du Canada entièrement composé de Noirs. Il acceptera plus tard l'offre de Punch Imlach de jouer pour les As de Québec. L'un de ses coéquipiers est Jean Béliveau. Pendant deux ans, Herb compte plus de buts que la future vedette des Canadiens de Montréal, mais il restera derrière quand Béliveau progressera vers la LNH. Selon l'arbitre Red Storey : « Il y a bien des gars au temple de la renommée du hockey qui ne pourraient chausser les patins de Herb. »

Herb entend dire que Conn Smythe, le fondateur et propriétaire des Maple Leafs de Toronto, aurait fait cette mauvaise blague : « J'offre 10 000 $ à quiconque peut faire un Blanc d'Herb Carnegie! » Herb n'est pas amer, juste plus déterminé à lutter contre la discrimination. Durant les années 1950, il devient entraîneur et fonde la *Future Aces Hockey School*, une école de hockey qui fait la promotion de l'entraînement, du jeu d'équipe et de l'estime de soi.

Herb consacrera plus tard son énergie et ses talents à un autre sport connu pour exclure les Noirs : il deviendra le premier champion de golf noir du Canada. Carnegie tracera également la voie aux Noirs dans le milieu des affaires, ayant eu une brillante carrière en tant que courtier et conseiller en planification financière pendant 24 ans chez *Investors Syndicate Limited*. Son désir de mettre fin aux préjugés l'amène, en 1987, à instaurer la *Future Aces Foundation* qui incite les étudiants à mettre leurs talents au service de la « coopération et de la compréhension de tous, quelles que soient leur couleur, leur race et leur croyance ».

Jackie Robinson, le premier joueur de baseball noir dans une ligue majeure, entreprend sa carrière professionnelle en 1946 avec les Royals de Montréal. Herb avait ce qu'il fallait pour devenir le premier joueur de hockey noir de la LNH, mais les préjugés raciaux l'en ont empêché. À plus de 80 ans, aveugle, Herb continue de donner des conférences de motivation, d'œuvrer à la gestion de fonds de bourses d'études ou à l'acquisition d'aptitudes chez les jeunes.

Griots africains

La transmission orale plonge ses racines très profondément dans la culture noire. En Afrique, les griots sont les conteurs et les historiens, des hommes ou des femmes qui créent des histoires sur les gens de leur village et gagnent leur vie en les racontant ou en les chantant aux mariages, funérailles ou rassemblements. Ils sont les gardiens de la tradition orale. Ils n'ont pas de livre, pas de vidéo ni de film, pas de CD ni de DVD pour transmettre leurs créations. À leur mort, leurs contes et l'histoire meurent avec eux. De nos jours, la danse, le chant et le récit demeurent une tradition noire permettant d'exprimer la douleur ou la joie.

Raconte une histoire ou chante une chanson

Comme un griot, crée un récit, une chanson ou un poème qui décrit les accomplissements d'une personne ou d'un groupe de Noirs dont il est question dans ce livre ou une autre source.

Ce qu'il te faut :

- papier et stylo ou ordinateur pour rédiger ou imprimer ton texte
- imagination pour inventer le sujet
- désir de faire connaître la personne ou les gens de ton choix

Ce qu'il faut faire :

1. Décide si tu veux composer un récit, une chanson ou un poème. Dans le cas d'un récit, rédige un texte narratif descriptif ou le dialogue d'une pièce. Pour une chanson, ce peut être un rap, du hip-hop, un style libre, un chant inspiré du folklore, ou encore une chanson country ou western. Pour un poème, ce peut-être une version dub, une ballade, des paroles d'une chanson descriptive ou un sonnet.

2. Choisis un sujet ou un thème, comme une personne en particulier, ses accomplissements, des précurseurs, des musiciens, la vie difficile des Noirs, etc.

3. Effectue une recherche sur la personne ou le groupe que tu as choisi.

4. Choisis les mots ou les paroles qui décrivent ce que ces personnes ont fait et comment elles ont contribué au Canada ou au monde.

5. Avec tes amis, tu voudras peut-être composer ou trouver une musique qui convient aux mots ou aux paroles, et présenter ton récit, réciter ton poème ou interpréter ta chanson. Tu pourrais faire ta présentation devant un auditoire, sous forme d'enregistrement sonore ou vidéo.

7

Les nouveaux Canadiens

Michaëlle Jean, Grant Fuhr et les autres

En 1921, la plupart des 20 000 Noirs vivant au Canada y sont nés. La plupart des autres viennent des États-Unis. De nos jours, les descendants des premiers arrivants ont été rejoints par un grand nombre d'immigrants d'Afrique, d'Amérique du Sud et des Caraïbes. Ceux-ci contribuent à tous les aspects de la vie canadienne et de sa culture. Le Canada compte maintenant plus de 700 000 habitants noirs.

Nouvelles lois et réglementations

Autrefois, les gens de couleur n'avaient pas la possibilité de fréquenter certains endroits comme des écoles, clubs, églises, associations professionnelles, équipes sportives et quartiers. Ils n'avaient souvent accès qu'à des emplois mal payés. Durant les années 1950 et 1960, le Canada adopte de nouvelles lois interdisant à quiconque de refuser un emploi, un service ou un logement en raison de la race ou de la religion. De nos jours, ce sont l'éducation, les compétences et les capacités qui déterminent les choix de la plupart des gens, plutôt que la couleur de la peau.

En 1967, on crée la formule des points d'appréciation à l'intention des immigrants canadiens, dans le dessein d'adopter un système plus équitable pour les Noirs. Au cours des années 1960, un grand nombre d'immigrants provenaient des Caraïbes. Actuellement, les Canadiens ne peuvent être exclus en raison de la race, la religion ou la nationalité, d'aucune profession, carrière ou entreprise, ni d'aucun métier.

Les nouveaux Canadiens apprécient la possibilité de vivre dans un pays libre, démocratique et multiculturel, et ce, souvent plus que les Canadiens de naissance.

Politiciens

Dans les Maritimes, les premiers loyalistes noirs dirigeaient, organisaient et administraient fréquemment les communautés noires. Abraham Shadd, en Ontario en 1859, et Mifflin Gibbs, en Colombie-Britannique en 1866, participaient activement à la vie politique, mais il faudra attendre 100 ans avant de retrouver véritablement des politiciens noirs.

En 1963, Leonard Braithwaite, avocat diplômé en administration des affaires de l'université d'Harvard, est le premier Noir à être élu à un parlement provincial. Il est membre du parti libéral de l'Ontario. En 1968, Lincoln Alexander, membre du parti progressiste conservateur, est le premier Noir élu à la Chambre des Communes à Ottawa. Il sera également le premier membre noir du cabinet fédéral. De 1985 à 1991, il sera le premier lieutenant-gouverneur noir de l'Ontario. La première femme élue à un gouvernement provincial, celui de la Colombie-Britannique en 1972, est Rosemary Brown arrivée au Canada en 1950 depuis la Jamaïque. Elle se présentera à la course à la chefferie du parti NPD en 1975, mais ne sera pas élue.

En 1974, le Dr Monestime Saint Firmin devient le premier maire de Mattawa, en Ontario. En 1984, Daurene Lewis d'Annapolis Royal, en Nouvelle-Écosse, est la première femme noire élue maire. Elle est de la lignée de Rose Fortune. En 1984, Anne Cools, une travailleuse sociale de la Barbade, devient la première sénatrice noire au Canada. En 2005, Michaëlle Jean, journaliste d'origine haïtienne et communicatrice au Québec, est nommée gouverneure générale du Canada.

Artistes et écrivains

Les Canadiens d'origine noire occupent depuis longtemps une place dans l'industrie du spectacle en tant que musiciens, chanteurs, danseurs, écrivains et acteurs.

Oscar Peterson, né à Montréal en 1925, est le musicien de jazz le plus connu du Canada. Le chanteur et compositeur torontois Dan Hill est le premier Canadien noir à jouir d'une reconnaissance internationale dans le domaine de la musique populaire. De 1977 à 1991, il aura produit 10 albums.

Maestro Fresh-Wes, né à Toronto en 1968, est le premier chanteur de rap canadien d'importance. Ses parents venaient de la Guyane. En 1991, il remporte le premier prix Juno pour le meilleur enregistrement de rap. Plus récemment, des artistes noirs comme k-os, Rascalz, Saukrates, Choclair et Kardinal commencent à se faire valoir sur la scène artistique.

Le prix Juno

La Torontoise d'origine, Deborah Cox, artiste du *rhythm and blues*, a présenté un spectacle à l'investiture du président Bill Clinton en 1992 aux États-Unis. Elle fait du bénévolat au sein de l'organisme Vision mondiale Canada qui vient en aide aux enfants pauvres du monde entier.

Le poète et dramaturge noir originaire de la Nouvelle-Écosse, George Elliott Clarke, a composé les paroles de l'opéra intitulé *Beatrice Chancy*. Cette œuvre de James Rolfe dépeint la vie en 1801, à l'époque où l'esclavage battait son plein à Annapolis Royal. La première chanteuse à l'avoir interprété est la soprano noire Measha Brueggergosman, née à Fredericton au Nouveau-Brunswick. Elle aime également chanter du negro-spiritual.

Daniel G. Hill, né aux États-Unis, est l'auteur du livre *The Freedom Seekers : Blacks in Early Canada*. Il est devenu le premier directeur de la Commission ontarienne des droits de la personne, puis ombudsman de l'Ontario.

Né à la Barbade, l'écrivain primé Austin Clarke est arrivé au Canada en 1955. Il a publié une trilogie sur les immigrants des Caraïbes à Toronto. John Alleyne, lui aussi originaire des Caraïbes, s'est fait connaître à l'échelle internationale comme danseur de ballet.

Dionne Brand a immigré à Toronto depuis Trinidad à l'âge de 17 ans. En 1997, elle obtenait le Prix du Gouverneur général de poésie pour *Land to Light On*. Elle a également publié *Earth Magic*, un livre de poèmes pour enfant. La dramaturge native d'Angleterre, Djanet Sears, est arrivée à Saskatoon à l'âge de 15 ans. En 1998, elle recevait le Prix du Gouverneur général en théâtre pour la pièce intitulée *Harlem Duet*.

Lillian Allen, d'origine jamaïcaine, a remporté un prix Juno de poésie dub. Motion, alias Wendy Braithwaite, a composé *Motion in Poetry* et animé une émission de radio pendant de nombreuses années. Elle figure parmi un grand nombre de militants communautaires. Rita Cox a quitté Trinidad pour s'établir à Toronto en tant que bibliothécaire. À titre de conteuse traditionnelle, son style original captive des auditoires partout dans le monde.

Ordre du Canada

Ordre du Canada

L'Ordre du Canada est décerné en reconnaissance d'accomplissements exceptionnels. Le premier Noir à recevoir cette décoration est Isaac Phills, en 1967. Antillais d'origine, il a déménagé au Cap-Breton et est devenu très actif dans sa collectivité. Depuis lors, de nombreux citoyens noirs ont reçu cet honneur, y compris Carrie Best, journaliste au franc-parler de Nouvelle-Écosse; Stanley Grizzle, organisateur syndical et premier juge fédéral de la citoyenneté de race noire; Donald Willard Moore, né à la Barbade, militant social; William Pearly Oliver, ministre baptiste et défenseur de l'égalité; Beverley Mascoll, esthéticienne qui a créé des produits de beauté à l'intention des femmes noires.

Mois de l'histoire des Noirs

En 1995, le gouvernement du Canada dédie le mois de février à l'histoire des Noirs.

Athlètes

Les athlètes noirs participent depuis longtemps aux compétitions sportives et se classent aux premiers rangs tout en faisant honneur au Canada.

Médaille olympique

Le sprinter Harry Jermone, né à Prince Albert en Saskatchewan, a gagné une médaille de bronze aux Jeux olympiques de 1964 à Tokyo à la course du 100 mètres. Ben Johnson est arrivé de Jamaïque à l'âge de 15 ans. Aux Jeux de Séoul en 1988, ce sprinteur est devenu un héros canadien en remportant la médaille d'or chez les hommes à la course du 100 mètres. Mais cette célébrité a vite laissé place à la honte lorsque les tests antidopages ont révélé l'usage de stéroïdes illégaux, entrainant le retrait de sa médaille. En 1990, la coureuse de North Vancouver Charmaine Crooks, née en Jamaïque, est devenue la première canadienne à courir le 800 mètres en moins de deux minutes. Le Jamaïcain Donovan Bailey est arrivé avec sa famille à Oakville, en Ontario, à l'âge de treize ans. Aux Jeux d'Atlanta en 1996, il est reparti avec la médaille d'or au cou, remportée à la course du 100 mètres, après avoir abaissé le record du monde à 9,84 secondes. Avec son équipe, composée de Robert Esmie, Glenroy Gilbert et Bruny Surin, Donovan Bailey a remporté sa deuxième médaille d'or au relais du 100 mètres. Un de leurs entraîneurs était Molly Killingbeck, un athlète noir qui a remporté la médaille d'argent au relais du 400 mètres en 1984, aux Jeux olympiques de Los Angeles.

Le champion lutteur Daniel Igali de Burnaby, en Colombie-Britannique, est né au Nigeria. Il a gagné une médaille d'or olympique pour le Canada en l'an 2000, aux Jeux de Sydney en Australie. Le boxeur Lennox Lewis a immigré à Kitchener, en Ontario, depuis Londres en Angleterre. En 1983, l'adolescent remportait le championnat international de boxe junior. En 1988, à Séoul en Corée, il devenait le premier champion de boxe olympique du Canada depuis 1932. En 1992, il passe chez

Ferguson Jenkins

les professionnels et s'empare du championnat de boxe international et du titre de champion de boxe poids lourd britannique. Il remporte la victoire contre Evander Holyfield, en 1999, pour devenir le champion du monde poids lourd. En 2002, il envoie Mike Tyson au tapis à la huitième reprise pour conserver son titre. Il se retire en 2004 sans que personne ne lui ait encore ravi son titre.

Le lanceur Ferguson Jenkins, descendant de fugitifs du chemin de fer clandestin, est originaire de Chatham en Ontario. Avec les Red Sox de Boston et les Cubs de Chicago, il a obtenu 284 victoires et 3 192 retraits sur des prises. En 1991, il devenait le premier Canadien intronisé au temple de la renommée du baseball. L'équipe des Blue Jays de Toronto, qui compte de nombreux joueurs noirs, a remporté deux séries mondiales d'affilée en 1992 et 1993. Les joueurs d'une équipe de basketball, les Raptors, ont également choisi d'élire domicile à Toronto.

En 1958, Willie O'Ree devenait la première personne noire à jouer dans la Ligue nationale de hockey. De nos jours, les vedettes de hockey noires se comptent par douzaines. Le gardien de but Grant Fuhr a aidé les Oilers d'Edmonton à remporter cinq coupes Stanley de 1984 à 1990. Jarome Iginla, natif d'Edmonton en Alberta, a compté deux buts aux Jeux olympiques d'hiver de 2002, assurant ainsi la médaille d'or au Canada. Anson Carter, fils d'immigrants de la Barbade, a compté le but de la période de prolongation pour mériter la médaille d'or au Canada au Championnat du monde en mai 2003.

Noirs au Canada en 2001

Tous les cinq ans, Statistique Canada recense le nombre de personnes vivant au Canada. Le dernier recensement au moment de publier ce livre remontait à 2001. Le prochain sera en 2006.

Rends-toi à l'adresse Internet www.statcan.gc.ca/start-debut-fra.html pour consulter des statistiques comme le pays d'origine des Noirs du Canada et la population de ta province, ou parfois même de ta ville. Statistique Canada présente les chiffres selon les origines ethniques et minorités visibles.

Répartition des Noirs au Canada
par provinces et territoires (2001)

Terre-Neuve-et-Labrador	**840**
Î.-P.-É	**370**
Nouvelle-Écosse	**19 670**
Nouveau-Brunswick	**3 850**
Québec	**152 195**
Ontario	**411 095**
Manitoba	**12 820**
Saskatchewan	**4 165**
Alberta	**31 390**
Colombie-Britannique	**25 465**
Yukon	**115**
Territoires du Nord-Ouest	**170**
Nunavut	**65**
Total pour le Canada	**662 210**

Mots croisés sur l'héritage des Noirs au Canada

HORIZONTALEMENT

2. Première femme noire à devenir rédactrice en chef d'un journal en Amérique du Nord.
3. Célèbre école noire fondée en 1850 au cœur de la colonie d'Elgin.
5. Femme qui est devenue une célèbre chef de gare du chemin de fer clandestin.
6. Elle avait été affranchie, mais on l'a de nouveau privée de sa liberté.
9. Nom donné à un conteur africain.
11. Esclave en fuite devenu rédacteur en chef d'un journal.
12. Chef de la plus grande communauté noire de Nouvelle-Écosse en 1786.
14. Rebelles de la guérilla jamaïcaine qui ont construit la citadelle d'Halifax en 1796.
15. Audacieux abolitionniste blanc, qui aidera à l'arrestation de l'espionne madame Williams.
16. Première femme noire élue maire (1984).
17. Collectivité noire fondée en 1849 à Chatham.
18. Henry Brown a acquis son surnom en fuyant l'esclavage.
20. Continent d'où provenaient les esclaves.
22. Il a participé à l'expédition de John Brown en 1859.
23. Célèbre gardien de but de la LNH pour les Oilers d'Edmonton.
30. Premier lieutenant-gouverneur noir de l'Ontario.
31. En 1972, première femme noire élue à un parlement provincial.
32. Il aurait inspiré l'« oncle Tom ».
33. Première colonie composée essentiellement de Noirs qui a réussi à s'implanter et à prospérer au Nouveau-Brunswick (1812).
34. Irlandais fondateur de la colonie d'Elgin.
35. Caporal canadien au service des Nations Unies tué en Afghanistan en 2002.
36. Elle est considérée par certains comme la première femme policière du Canada.
37. Il s'est vu décerner la Croix de Victoria pour sa bravoure en 1859.
39. Excellent joueur de hockey qui n'a pas pu jouer dans la LNH à cause de sa couleur de peau.
40. Libération officielle des esclaves.

VERTICALEMENT

1. Premier avocat noir au Canada (1884).
3. Durant les années 1830, à la colonie de Wilberforce dans le Haut-Canada, cet ancien esclave est devenu célèbre pour ses herbes médicinales sous le sobriquet de Doc.
4. Jeune esclave arrivé au Canada en 1628 et où il a trouvé la liberté.
7. Il est à l'origine de la loi de 1793 qui a permis l'abolition de l'esclavage dans le Haut-Canada.
8. Politicien élu à Victoria en 1866.
10. Lorsqu'il est venu au Canada en 1858, John Brown planifiait l'attaque de l'agglomération de _____ Ferry.
11. Esclave fugitif qui a causé une émeute à Boston.
12. Il a remporté une médaille d'or aux Jeux olympiques de 1996.
13. Conseiller municipal élu à Toronto en 1894.
19. Le plus célèbre musicien de jazz canadien, né en 1925.
20. Dans une tentative d'échapper à l'esclavage en 1734, elle a causé l'incendie de 46 maisons à Montréal.
21. Originaire d'Halifax, il est sacré champion du monde de boxe en 1891.
23. Premier maire noir élu au Canada, à Mattawa en Ontario (1974).
24. Célèbre inventeur noir né en Ontario en 1844.
25. Jour de défilés pour célébrer la fin de l'esclavage.
26. Plus grande collectivité noire de Nouvelle-Écosse en 1784.
27. Premier homme noir à venir au Canada (début du 17e siècle).
28. Premier médecin noir du Canada (1857).
29. Il a ramené son peuple en Afrique (Sierra Leone).
38. Célèbre cowboy noir d'Alberta.

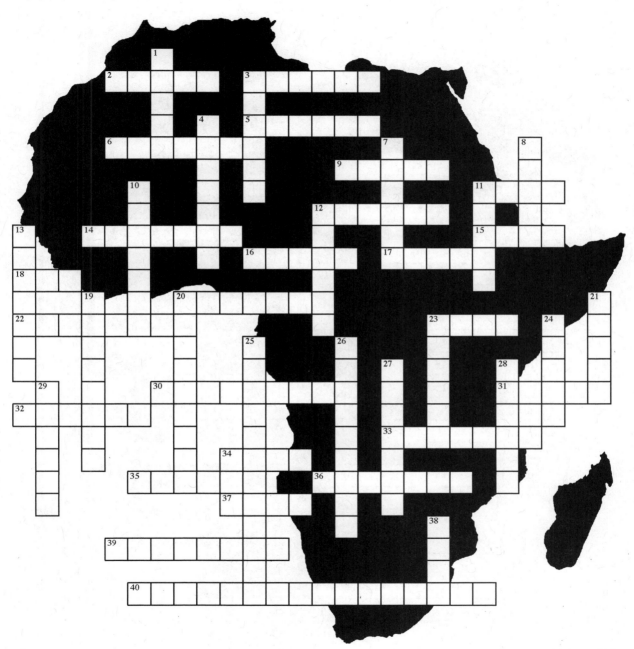

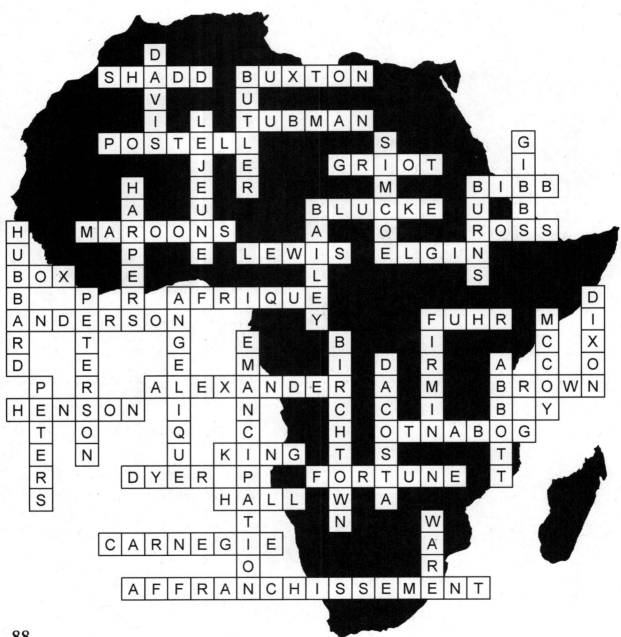

Index